숫자 1을 먹읍시다

사람, 자연으로부터 배운 사랑 이야기

김 대 운

붉은사슴

목 차

04p 서문

08p 저 수평선 너머에는 뭐가 있을까
14p 숫자 1을 먹읍시다
20p 그 친구
26p 옹이
34p 우리는 어느 별이 되어 다시 만날까
40p 여행 그리고 자유
46p 가을날
52p 남도답사1번지 강진 여행
60p 내가 보고 싶을 땐 가끔씩 하늘을 쳐다봐
66p 오늘 내 삶은 아름다웠을까
72p 어따 이 썩을 놈
78p 겨울눈
84p 달도 밝은데, 아버지 어머니는 어디로 갔을까
90p 플라타너스의 꿈
96p 다시 5월을 본다
104p 매미
110p 좋은 일
116p 어느 생일날의 일기
122p 잡초를 뽑으며

128p	방정
134p	한라산 만세동산에서
140p	포도지정
146p	텁쎄기, 나를 규정해 버린 그 한마디
152p	고향
158p	까치집
164p	텃밭 그리고 1.5°
170p	파래는 파래 맛이 나고 감태는 감태 맛이 난다
176p	소금부부
180p	애기똥풀 사랑
186p	지도 공원의 봄
192p	아름다운 얼굴
198p	아버지 그리고 6.25
206p	그래 선인장처럼 살자
212p	그래도 겨울이 있다
218p	가을을 선물합니다
224p	된밥 진밥
230p	역사의 주인은 누구인가
236p	장마
242p	감기와 함께 살아가기
248p	장끼와 까뚜리의 꿈

서 문

사랑 배우기

글을 쓰면 모든 감각이 살아난다. 보고, 듣고, 느끼는 오감이 주변 현상에 민감하게 반응한다. 평소에 지나치던 나무 한 그루와 길가의 풀 한 포기도 새삼스럽게 눈에 띄기도 한다. 공원 숲에서는 까치가 한겨울 1월부터 집을 짓고 새끼를 낳는다. 5월이면 여름철새 파랑새와 꾀꼬리가 찾아와 새끼들을 낳고 가을이면 따뜻한 남쪽 나라로 돌아간다. 여름이면 매미들이 땅속에서 올라와 허물을 벗고 여름 한 철을 살기 위해 나무를 타고 올라가는 모습이 경이롭다.

매일 지나다니는 시장 골목에서는 할머니들이 호박이며 가지, 각종 푸성귀를 가지고 나와서 좌판을 벌인다. 같은 풍경이지만 바쁜 일상에서 있어도 보이지 않던 것들이 보이기 시작한다. 새롭게 보이기 시작한다. 먹고 입고 살아가는 일이 이렇게 누군가의 노력으로 우리는 삶을 지탱해 나가는구나. 좌판의 할머니를 다시 보게 된다. 호박과 가지와 푸성귀들이 시장에 나오기까지 어떤 일들이 있었을까?

우리가 살고 있는 세상에는 수없이 많은 사람이 살고, 수없이 많은 일들이 벌어지고, 수없이 많은 경쟁과 투쟁과 그 수없이 많은 사건들 속에서 수없이 많은 기쁨과 고통과 슬픔을 느끼고, 그리고 사랑을 나누며 살아가고 있다. 그러나 생존을 위한 벅찬 하루하루는 우리를 마비시키는 삶이었다. 주변을 둘러볼 여유가 없었다. 감각은 한층 무뎌졌다. 결국 나는 누구인지도 잊고 살았다.

다시 감각이 살아나기 시작했다. 글을 쓰면서 보이지 않던 것들이 눈에 보이고, 듣고 싶었던 말만 들었던 귀가 열리고, 같은 세상, 같은 일상이 다르게 다가왔다. 세상만 보이는 것이 아니었다. 나의 내면과 기억의 창고에서 깊숙이 잠자고 있던 것들이 하나씩 그 모습을 드러내었다. 고집과 아집도 있었고 분노와 상처도 있었고, 고통과 슬픔도 있었고, 기쁨과 행복도 있었다.

자연의 모든 생명체들이 살아가는 모습은 공존이다. 그러나 나는 생명과 공존의 다른 이름을 사랑이라고 부른다. 45억 년의 지구 위에는 많은 생명들이 숭고한 사랑으로 탄생하고 풍요로워진다. 내 기억 창고에서 발견한 가장 소중한 것도 다름 아닌 사랑이었다. 그 사랑이 나를 키우고 나를 지탱해 왔다.

세상은 여전히 폭력적이고 아파하지만 가만히 들여다보면 사랑이 작동하고 있다. 메마른 사회를 움직이고 아픈 나를 일으키는 것은 사랑이다. 나는 계속 글을 쓰게 될 것 같다. 아직도 발견해야 할 사랑이 많기 때문이다. 그리고 여전히 사랑이 서툴기 때문이다.

여러분도 당신의 삶 안에서, 오래된 기억 속에서 그리고 이 작은 책 안에서 사랑을 발견해 보기를 바랍니다.

2025년 6월
김대운

저 수평선
너머에는
뭐가 있을까

여행은 떠나는 것이 아니라 돌아오는 것이라고 했다.
반복된 일상을 벗어나 낯선 곳으로의 떠남은
새로운 세계에 대한 동경과 해방감이지만
그것조차도 일상으로의 돌아옴을 전제로 한다.
5박 6일의 여행은 일상에서 멀어졌지만 여행이 끝나면
새로운 일상을 시작해야 한다.
수평선을 바라보며 수평선 너머의 세상을 꿈꾸며
우리가 했던 질문은 무엇을 향하고 있었을까.
벅찬 현실과 굴곡진 삶이 있을지라도 그렇기 때문에
삶이 앞으로 나아갈 수 있는 것이 아닐까.
우리는 그 속에서 행복을 발견해야 함을 깨달았다.

"저 수평선 너머에는 뭐가 있을까?"
"음, 저 수평선 너머에도 수평선이 있겠지."

끝없이 펼쳐진 바다를 보며 아내와 나는 무심한 대화를 나누고 있다. 어제까지만 해도 콘크리트에 갇힌 회색빛 도시에서 눈알을 핑핑 굴리며 바쁘게 살아왔다. 서울에서 바다를 건너와 제일 먼저 제주의 섬 우도 바다로 왔다. 어제는 먼 태고처럼 기억에서 가물거리고, 도시는 벌써 남의 일처럼 생경하다. 우리는 할 일 없는 사람처럼 우두봉 등대 아래에서 오랜 시간 바다를 응시하며 자리에서 일어날 줄을 모른다.

21세기가 시작되자 새로운 형태의 상거래가 생겨났다. 이른바 정보통신의 발달을 기반으로 한 전자상거래이다. 회사를 퇴직하고 나서 뚜렷한 미래를 준비하지 못하고 있던 차, 인터넷 상거래가 시작되던 시기에 상품의 거래를 사람과 사람이 직접 대면하지 않고 인터넷상에 개설된 상점에 올린 상품을 소비자가 구매를 하게 되는 새로운 방식에 매력을 느끼고 인터넷쇼핑몰 사업을 시작하였다. 20평 남짓 되는 사무실을 얻고 상품의 이미지를 만들어 등록하고, 주문이 들어오면 포장을 하여 택배를 보내고 고객 상담까지 혼자서 모든 일을 처리했다. 점점 주문량이 늘고 일을 혼자서 처리할 수 없게 되자 아내와 같이 출근하고 퇴근하며 직장 동료가 되어 하루를 같이 보냈다.

전자상거래의 방식은 판매자와 소비자 모두가 많은 편리함을 지니고 있어서 시장은 날로 확대되고, 우리의 사업 규모도 커지게 되었고 이에 따라 업무량은 계속 늘어갔다. 직원을 채용하기도 하고 때로는 모든 가족이 투입되어 밀려드는 주문을 처리하였다. 두 아이가 동시에 대학을 다니게 되자 경제적으로 부담이 늘게 되었지만 다행히도 우리를 든든하게 버틸 수 있게 해 주었다.

　　우리 부부는 함께 울고 웃으며 그때 가장 열심히 살았고 힘들었지만 행복감을 느꼈다. 그렇지만 언제나 좋을 일만 있을 수는 없었다. 사소한 일에도 다툼을 하고 의견 차이로 마음이 비뚤어지기도 하였다. 아마도 좋은 일이 많아진다는 것은 그만큼 어렵고 해결해야 할 일들도 많아진다는 뜻일 것이다. 해야 할 일은 끝없이 많고 고단한 날들이 이어졌고, 어려운 난관은 계속되었다.

　　전자상거래는 거의 모든 국민이 이용할 정도로 확대되면서 판매자 간의 경쟁이 날로 치열해졌고, 경쟁에서 살아남기 위한 이전투구가 시작되었다. 판매 수익률이 점점 떨어지자 사업을 지속하기 위한 방편으로 박리다매 방식이 자리를 잡게 되었고, 상품의 재고가 늘고 업무량은 정비례로 늘어났다.

　　나와 아내는 점점 지쳐가고 있었다. 어느 날 길을 걷다가 나도 모르게 길가에 주저앉아 한참을 있었다. 체력이 고갈된 느낌이었다. 걱정이 많은 아내는 종합 건강검진을 신청했고 우리는 같이 검진을 받았다. 아내는 대장에 생긴 용종을 떼어내었다. 의사는 나의 상태에 대해서 말했다.

"몸에 특별한 문제는 없으나 크레아티닌 수치가 매우 낮게 나와서 안정과 휴식을 취해야 합니다. 이 정도 수치는 사람이 죽어갈 때 나타나는 수치로 당장 입원을 하여 일주일 동안 쉬어야 합니다."

나는 말문이 막혔다. '죽어가는 사람에게서 나타나는 수치라고!' 의사는 내 표정을 보더니 크레아티닌이라는 것에 대하여 설명을 하였다. 그리고 피로가 장기간 누적되어 더 이상 일을 하면 안 된다고 하였다. 나는 감사하다는 말을 남기고 병원을 나왔다. 그리고 곧바로 일을 시작하였다. 내가 아니면 그 일을 대신해 줄 사람이 아무도 없었고 그날로 처리해야 될 주문이 기다리고 있었기 때문이다.

그때 우리 부부에게는 노년이 저만큼 마중을 나와 기다리고 있었다. 아직은 아니라고 하여도 시간은 우리를 자꾸만 가자고 한다. 전자상거래는 또한 빠른 변화의 물결을 타며 세대교체를 요구하였다. 시대의 속도에 밀리고 경주는 더욱 힘이 부친다. 손익분기점을 향하여 그래프는 자꾸 내려가고 더 이상 버티는 싸움은 남은 인생을 소멸하는 일이라는 것을 깨달았다. 폐업을 결정하자 제주도에서 회사를 다니는 딸에게서 연락이 왔다.
"엄마, 아빠 내려와서 좀 쉬었다 가세요.

비행기표 끊어 놓을게요."

배낭에 등산화와 여벌의 옷만 가볍게 꾸리고 비행기에 올랐다. 숙박은 딸과 함께 하면 되고 여행하는데 따른 이동은 대중교통인 제주도의 시내, 시외버스를 이용하기로 하였다. 차량을 빌려서 자유롭게 행선지로 떠나는 것보다는 버스에 몸을 맡기는 자유로운 영혼이 되고 싶었다. 낯선 마을의 정류장에서 따사로운 10월의 가을 햇살을 맞으며 버스를 기다리면서 잃어버린 여유와 자유를 느꼈다. 배가 고프면 배낭에서 삶은 고구마를 꺼내 먹고 보온병을 열고 따뜻한 믹스 커피를 마셨다.

여행은 떠나는 것이 아니라 돌아오는 것이라고 했다. 반복된 일상을 벗어나 낯선 곳으로의 떠남은 새로운 세계에 대한 동경과 해방감이지만 그것조차도 일상으로의 돌아옴을 전제로 한다. 5박 6일의 여행은 일상에서 멀어졌지만 여행이 끝나면 새로운 일상을 시작해야 한다. 수평선을 바라보며 수평선 너머의 세상을 꿈꾸며 우리가 했던 질문은 무엇을 향하고 있었을까. 벅찬 현실과 굴곡진 삶이 있을지라도 그렇기 때문에 삶이 앞으로 나아갈 수 있는 것이 아닐까. 우리는 그 속에서 행복을 발견해야 함을 깨달았다.

긴 침묵을 깨고 아내에게 물었다.
"바다와 무슨 얘기를 했어?" 아내가 말했다.
"바다는 아무 말이 없던데, 당신에게는 바다가 뭐라고 했는데?"

"바다가 나에게 말했어. 돌아가라고."
우리는 자리에서 일어났다.
"가자!"

숫자 '1'을 먹읍시다

인간은 몇 천 년 전 자연에서 생활하던 동물들을 잡아다가
사육을 시켜서 육식을 즐기며 살아왔다.
인간의 탐욕은 결국 A4 용지 면적 안에 닭을 가두어 평생을
살게 하며 1년에 알 220개를 낳아야 하는 임무를 주었다.

"계란에 표기되어 있는 숫자가 '4'인 것은 사 먹지 말아야 겠어요."

아내가 어디에서 보았다며 계란에 대하여 말하였다. 계란에는 맨 끝 숫자가 1부터 4까지 있는데 가장 높은 '4'는 사육 환경이 가장 열악한 곳에서 키운 닭에서 얻은 알이라는 것이다. 마지막 숫자가 '1'인 것은 유기농 계란으로 닭 한 마리당 최소 1.1㎡의 공간을 확보하여 방사되어 키워지고, 동물복지 농장, 자유 방목 닭의 계란이다. '2'는 1㎡당 닭 9마리가 키워져 한 마리당 0.1㎡ 공간을 확보하여 평지 축사에서 키워지는 닭의 알이고, '3'은 닭 한 마리당 0.075㎡ 케이지(동물을 가두기 위한 철망으로 된 구조물)에서 키우는 닭의 알이며, '4'는 한 마리당 0.05㎡ 케이지에서 키우는 닭에서 얻은 알이다.

남동생은 시골 고향집에서 토종닭을 키운다. 동생은 서울에서 은행을 다니다가 정년퇴직 후에 부모님이 남겨놓아 비어있던 시골 고향집으로 내려가 혼자 살고 있다. 가족은 서울에 있고 혼자서 서울과 시골을 왔다 갔다 하며 전원생활을 하고 있는 셈이다. 동생은 시골에서 생활하면서 토종닭을 키우며 건강한 계란을 먹는 것에 매우 만족한다.

몇 달 전에 고향집에 갔을 때 닭이 50마리 정도 있었다. 닭은 밤에 조립식으로 지은 축사 건물에서 잠을 자고 아침이면 방사를 한다. 닭장 건물 주변으로 넓은 밭과 산이 있어서 닭은 자기들 마음대로 여기저기를 휘젓고 다니며 지렁이, 지네 등 벌레와 곤충들을 잡아먹고 밤이 되면 잠을 자기 위하여 축사로 들어온다. 닭들이 산에서 먹이 활동을 하지만 먹이를 보충해 주기 위해 사료를 아침, 저녁으로 적정량 주어야 한다. 암탉이 알을 생산하기 위해서는 영양 공급이 충분해야 하므로 필요한 영양분이 잘 배합된 사료를 공급해 주고 산에서는 자연에서 얻은 먹이를 찾아서 먹게 한다.

 동생은 내가 있는 며칠 동안 서울 집에 다녀오겠다며 닭을 돌보라고 하였다. 사료 주는 법과 아침에는 닭장을 개방하고 밤이 되면 닭을 불러 모아 닭장 안으로 들어오게 하는 법을 가르쳐주고 떠났다. 다음날 아침 닭에게 사료를 주려고 닭장 문으로 들어가 사료 통에서 사료 한 바가지를 퍼서 나오니 갑자기 닭들이 떼로 몰려들었다. 한 놈은 머리 위로 날아와 앉고 한 놈은 어깨 위로 올라오더니 손에 들고 있는 사료 바가지를 향하여 날아들고 다른 놈들도 사료 바가지를 향하여 일제히 달려들어 나를 쪼아대기 시작했다. 나는 사료를 주는 곳까지 가기도 전에 바닥에다 사료를 쏟아부어 버렸다. 닭들은 그래도 좋다는 듯이 나를 놓아주고 정신없이 먹기 시작했다. 순식간에 사료가 없어지자 재빨리 한 바가지 가득 담아서 바닥에 또 뿌려 주었다. 그리고는 닭장 문을 열어 주었다. 닭들은 그제야 유유히 밖으로 나갔다. 언제 그랬냐는 듯이 산으로 올라가 어떤 놈은 풀숲을 뒤지고 어떤 놈은 흙바닥에서 뒹굴며 흙 목욕을 하였다.

 닭들이 이렇게 사나워진 것은 이유가 있었다. 동생보다 너무 늦게 일어나 사료를 주었던 것이다. 닭들은 시간을 지키는 보초병 같다. 새벽이 오면 수탉은 목을 길게 늘어 빼고 큰 소리로 울어 하루를 시작하는 시간을 알린다. 그리고 아침 일찍 식사시간에 맞춰 닭장 문 앞에 나와 주인을 기다린다. 아침 사료를 먹고 나면 밖으로 나가기 위해 닭장 문 앞에 모여서 문을 열어주기를 기다리고, 저녁때가 되면 어둠이 밀려오기 전에 미리 닭장 문 앞으로 다시 모여든다. 시간관념이 없는 나에게 대장 수탉이 달려들어 내 머리 위로 올라가 본때를 보여준 것이다.

누가 닭대가리 같다고 했던가? 사람이 만물의 영장이라며 시건방 떨 일이 아니다. 닭들은 시간과 약속을 지키는 데 철저하다. 예로부터 사람들은 닭을 다섯 가지 덕을 갖춘 동물로 여겼다. 닭 벼슬은 문(文), 발톱은 무(武), 적에게 물러서지 않는 용맹함은 용(勇), 먹을 것을 나누어 먹는 행동은 인(仁), 때를 지키는 습관은 신(信)이다.

나는 닭들과 함께 지내며 닭에게서 배워야 할 것이 많음을 알게 되었다. 닭들은 한 공간에서 모여 살면서도 서로를 공격하거나 먹이를 독차지하려 하지 않는다. 용맹하지만 어질고 서로를 위하며 일사불란하게 함께 행동한다. 그리고 사람과 교감이 잘 되는 동물이며 아름다운 깃털과 용모를 지니고 있다. 닭들은 그들 서로에게도 그렇지만 사람과의 관계에서도 신의를 지키는 동물이다.

동생이 돌아오자 나는 우리 집으로 돌아왔다. 동생은 가지고 가서 먹으라며 모아둔 토종닭 알을 내어주었다. 토종닭 알과 숫자 '4'가 표기된 시중 계란과 비교해 보니 노른자의 색깔이 달랐다. 토종닭 알은 짙은 노란색이고 '4'가 표기된 계란은 옅은 노란색이다.

숫자 '4'가 표기된 알의 닭 한 마리가 살고 있는 케이지 면적은 A4 용지 한 장 보다 작은 면적이라고 한다. 그 닭에게는 오로지 알을 낳는 일 외에는 일체의 움직임도 허용하지 않겠다는 사람들의 탐욕이 자리하고 있다. 사료와 항생제와 각종 보조제를 먹고, 살충제를 맞으며 운동 부족과 스트레스를 받으며 알 낳는 기계로 전락한 닭들이 사람들의 먹거리를 위하여 감옥 같은 철장에서 살아가고 있다.

인간은 몇 천 년 전에 자연에서 생활하던 동물들을 잡아다가 사육을 시켜서 육식을 즐기며 살아왔다. 인간의 탐욕은 결국 A4 용지 면적 안에 닭 한 마리를 가두어 평생을 살게 하며 1년에 알 220개를 낳아야 하는 임무를 주었다.

아내는 하루에 계란 3개씩 꼭꼭 먹어대는 나에게 이렇게 말한다.
"계란 꼭 먹어야 돼요?"
나는 난감하다. 계란을 끊으면 부족한 내 몸의 단백질은 어떻게 보충해야 하나?
"그럼 숫자 '1'을 먹읍시다."

그 친구

"여자 친구는 어떻게 했어?"
"결혼했지, 그 남자와."
그러고는 허공에 웃음을 날렸다.
시니컬한 웃음이 하늘에 가득 퍼졌다.
우리는 다시 생맥주 집으로 갔다. 500cc 한 잔을 마셨다.
그리고 어깨동무를 하고 노래를 불렀다.

"문패도 번지수도 없는 주막에 ~"
오랜만에 불러본 노래가 왠지 더욱 구슬펐다.
우리는 서로의 슬픔을 감추기라도 하려는 듯
소리를 크게 질렀다.
'문패도 번지수도 없는' 가사는 어쩌면 그 친구가
자신의 집을 노래한 것이라고 알기까지
나는 이렇게 꽤 오랜 시간이 걸렸다.

"문패도 번지수도 없는 주막에~"
아버지 세대가 즐겨 부르던 사오십 년대 유행가를 왜 그때는 그렇게 열심히 불렀는지 몰랐다.

　회사에서 퇴근할 때면 친구와 나는 회사 근처 맥줏집에서 500cc 생맥주 딱 한 잔씩 들이켜고 걸어서 같이 퇴근을 하곤 했다. 집이 같은 동네였는데 회사에서 걸어가면 30분쯤 걸렸을 것이다. 가난한 우리는 생맥주 한 잔으로 뱃속의 허기만이 아니라 무엇인지 모를 마음속 허기를 채우고 약한 술에 힘을 얻어 호기롭게 퇴근을 했다. 우리는 팔짱을 끼기도 하고 어깨동무를 하기도 하면서 유행이 한참이나 지난 유행가를 목청껏 불렀다. 다행히 우리가 퇴근하는 길은 자동차만 쌩쌩 지나가는 큰 도로였으며 사람들이 걸어 다니는 일은 거의 없었다. 우리는 마음 놓고 소리를 지르며 노래 한 곡이 끝나면 또 한 곡을 불렀다. 우리는 언제나 '번지 없는 주막'으로 시작하여 '애수의 소야곡', '유정 천리'로 이어졌다. 모두가 슬픔과 애환이 짙은 유행가였다.

　친구와 나는 같은 직장 동기 입사자이다. 나는 전라도 광주에서 학교를 나와 부산으로 가서 취업을 했고 친구는 부산 토박이이다. 첫 출근 날 친구는 내가 생활해야 할 하숙집을 구해주기 위하여 처음 만나서 서먹서먹한 나를 몇 시간씩 데리고 다녔다. 결국 느지막한 저녁 무렵 그 친구네 동네에서 하숙집을 구할 수 있었다. 친구는 아직 20대 나이인데도 머리가 희끗희끗하였고 약간의 곱슬머리였다. 얼굴은 항상 싱글

싱글 웃는 낯에 인상 좋고 친절하며 유머가 많은 사람이었다. 처음 보았을 때 그 친구가 연예인인가 생각될 정도로 잘생기고 멋쟁이였다. 때로는 바람둥이가 아닌가 할 정도로 낙천적이며 사교적이었다. 그런데 시간이 지날수록 그의 진면목은 영 다른 사람이었다. 겸손하고 검소하며 진솔하였고 배려심이 세심한 사람이었다. 그 친구는 먼 타향에서 온 나를 배려하느라 항상 같이 퇴근을 하자고 했고 우리는 맥주와 유행가와 어깨동무로 급격하게 가까운 친구가 되었다.

우리가 생활하는 동네는 부산 괴정동이라는 곳이었다. 30년 전 그곳은 아파트가 거의 없는 오래된 변두리 지역이었는데 그중에서도 그 친구와 내가 사는 곳은 서민들이 모여 사는 달동네 같은 지역이었다. 그렇지만 나는 그곳이 내 고향같이 시골스러운 인정이 남아있어서 마음이 한결 편안했다. 하숙집 아주머니는 같은 전라도 사람이어서 그런지 특별히 나에게 따뜻하게 대해 주었다. 낯선 곳에서 먹고 자는 생활은 안정을 찾았고 그 친구가 있어 마음이 든든하였다. 그러나 직장 생활은 영 적응하기가 어려웠다. 그 친구도 마찬가지였다. 우리는 세금을 부과하는 공무원이었다. 세금을 내지 않으려는 자와 세금을 부과하려는 자와의 사이에는 불편한 거래가 끼어들었고, 비리를 능력으로 여기는 직장 문화는 사회 초년생인 우리를 슬프게 했다.

친구와 나는 퇴근하면서 생맥주를 앞에 놓고 하루의 비애를 안주 삼아 허탈함을 잊으려 했다. 우리는 생맥주 한 잔을 마시며 일어난다. 두 사람은 모두 술이 약했고 무엇보다 가난했다. 가난한 술 한 잔은 우리가 해야 할 넋두리에는 터무니없이 부족했다. 그래서 우리는 또 어깨동무를 했고 흘러간 노래를 불러야 했다.

친구는 다른 사람들을 괴롭게 하거나 아프게 하는 일은 못하는 사람이었다. 그의 능글능글하고 낙천적인 모습 뒤에는 연약하고 언뜻 염세적인 모습이 어른거린다. 어쩌면 그는 말할 수 없는 깊은 슬픔과 아픔을 간직하고 있었는지 모른다. 그 친구는 자신의 가족이나 집에 대해서는 나에게 한 번도 이야기를 꺼내본 적이 없었다. 그 친구와 퇴근하다가 헤어질 때 그는 자기 집으로 먼저 떠나면서도 자기가 사는 집을 알려주지 않았다. 단지 그가 사는 곳은 비탈진 산등성이 달동네 마을에 작은 집들이 옹기종기 모여 있는 가난한 동네라는 것뿐이었다. 그 친구의 밝은 모습이 때로는 슬픔으로 비추어 보이는 이유를 조금씩 알 것 같았다.

어느 날 친구가 맥주를 한 잔만 더 하자고 했다. 그러고는 어렵게 입을 열었다. 여자 친구가 있는데 여자 친구가 다른 남자와 결혼을 할 거라고 했다. 그때가 크리스마스 삼사일 전이었을 것이다. 크리스마스 전 날 결혼을 하기로 했다며 결혼 일주일 전에 여자 친구가 통보를 했다는 것이다. 여자 친구는 고민고민 하다가 어렵게 말을 하면서 친구에게 행복하게 잘 살라는 말을 했고, 그러나 지금이라도 자기와 결혼을 약속하면 파혼을 하겠다고 했다는 것이다. 그러면서 어떻게 해야 할지 나에게 물었다. 내가 친구에게 물었다.

"왜 그동안 여자 친구에게 결혼하자는 얘기를 하지 않았어?"
친구는 또 어렵게 말을 이었다.
"그녀를 너무 좋아하지만 결혼하자는 말은 할 수가 없었어."
내가 그 이유를 물었다. 그러자 그는 고개를 푹 떨구고는 한참 동안 입을 떼지 못하였다.
"나는 결혼할 준비가 전혀 안 되어 있어. 결혼하면 같이 살 집도 방도 없단 말이야. 그리고 여자 친구에게 나의 비참한 모습을 보일 자신이 없어."

그 친구는 비좁은 방 두 칸에서 부모를 모시고 살고 있었다. 신부를 그 비좁고 초라한 집으로 데려올 수가 없다고 했다. 너무 사랑하기 때문에 떠나보낼 수밖에 없다는 영화의 한 장면 같은 말을 했다. 그러면서 나라면 어떻게 하겠냐고 물었다. 나는 잠시 망설였지만 두 사람이 그렇게 사랑하는데 이해할 것이라고 말했다. 지금 당장 마음을 털어놓아야 한다고 했다. 친구는 도저히 그렇게 할 수는 없다고 했다. 이미 모든 결혼 준비는 끝나 있는데 어떻게 그렇게 할 수가 있느냐고 했다. 나는 친구 대신 내 억장이 무너지는 듯했다. 친구는 자신의 가난을 신부가 감당하게 할 수가 없었던 것이다. 가난은 죄가 아닐 텐데 가난 때문에 사랑 앞에서 죄인처럼 숨어야 하는 비애를 앞에 놓고 우리는 그날 처음 많은 맥주잔을 비워야 했다. 친구는 아무리 생각해도 자신의 양심으로는 파혼이라는 크나큰 짐을 그녀에게 지울 수가 없었다.

떠나보냄으로써 그녀가 행복할 수 있고 떠남으로써 자신이 불행해진다 해도 자신이 감당해야 한다는 친구는 슬픈 미소를 지으며 집으로 돌아갔다. 어떤 슬픔에도 웃음을 잃지 않는 그 친구가 더욱 내 마음을 아프게 했다. 그 친구의 상징 같은 미소는 어쩌면 슬픔을 억누르기 위한 자기 비애의 다른 표현이었을지 모른다. 언제나 밝은 모습이며 남들에게 친절하고 섬세한 배려를 왜 자신에게는 인색한 것이었을까. 그것은 자신의 아픔을 너무 잘 알고 있었기에 타인의 아픔을 보는 것은 더 큰 아픔이 될 수 있음을 이미 체득한 사람이었던 것 같다.

그날 이후로 며칠 동안 그는 회사에 나오지 않았다. 크리스마스가 지난 뒤 친구는 언제나처럼 싱글싱글 웃으며 나타났다. 마치 아무 일도 없었다는 듯이. 내가 물었다.
 "여자 친구는 어떻게 했어?"
 "결혼했지, 그 남자와."
그러고는 허공에 웃음을 날렸다. 시니컬한 웃음이 하늘에 가득 퍼졌다. 우리는 다시 생맥주 집으로 갔다. 500cc 한 잔을 마셨다. 그리고 어깨동무를 하고 노래를 불렀다. "문패도 번지수도 없는 주막에 ~" 오랜만에 불러본 노래가 왠지 더욱 구슬펐다. 우리는 서로의 슬픔을 감추기라도 하려는 듯 소리를 크게 질렀다. '문패도 번지수도 없는' 가사는 어쩌면 그 친구가 자신의 집을 노래한 것이라고 알기까지 나는 이렇게 꽤 오랜 시간이 걸렸다.

옹이

13살 그대로 멈추어 있는
나의 내면의 아이에게 말을 걸었다.
그때의 선생님도 아마 나처럼
상처 많은 사람들이었을 거라고,
상처 없는 삶도 없으며 모두가 상처에 힘들어 하지만
그것을 이겨내는 것이 또한 쉽지 않았을 거라고.
선생님도 상처를 어찌할 수 없어 자신의 아픔을
다른 사람에게 투사하여 회복하고자 하는
심리적 방어기제가 작동했을 것이라고.

TV 트로트 경연 프로그램에서 여가수가 결승전에서 부른 '옹이'라는 노래가 있다. 그녀는 시종 씩씩하고 시원시원하게 노래를 불러 경연 내내 눈길을 끌었다. 작은 체구이기는 하지만 몸매도 성격도 단단해 보였다. 그런 그녀가 결승전에서는 울음을 참아내며 피를 토하듯이 감정에 복받쳐 노래를 부르고는 끝내 오랫동안 마음속 저 깊은 곳에 있는 설움을 터뜨리고 말았다. 오열하듯이 한참을 울고 있는 그녀를 보면서 나도 모르게 눈물을 흘렸다. '옹이'라는 노래가 나를 위로해 주는 것 같았다.

중학교 입학하고 첫 수업 날 사회 과목 선생님은 우리나라 지도를 그려오라는 숙제를 내주었다. 나는 집에 있는 사회과 부도를 보고 열심히 지도를 그려서 가지고 갔다. 다음날 수업 시간에 숙제 검사를 하신 선생님이 내 숙제를 보시고는 이렇게 말하였다.
"이거 네가 그렸어?"
"네"
"네가 그린 거 맞아?"
"네"
선생님은 나를 의심 가득한 눈으로 빤히 내려다보고 있었다. 나는 아무런 잘못도 없는데 얼굴이 화끈거렸다. 선생님은 아버지나 형이 지도를 대신 그려준 것이고, 내가 거짓말을 하는 것이라고 생각하는 것 같았다. 나는 선생님으로부터 칭찬받고 싶었고 내가 잘하는 것을 자랑하고 싶었는데, 지도를 너무 잘 그렸던 것일까. 선생님은 나를 믿지 않는 것 같았다. 나는 억울하였지만 선생님에게 항변하지도 못하고 마음에 상처로 받아들여야 했다. 그 이후로도 선생님은 나에게 냉정하게 대했고 수업 내내 선생님과 눈길을 마주치기가 어려웠다.

사회 과목 선생님이 나를 칭찬한 적이 한 번도 없었지만 나의 사회 과목 성적은 반에서 최상위권으로 매우 우수했다. 내가 잘하는 과목은 사회 과목 외에도 국어 미술이었다. 그러나 수학은 하위권이었으며 나머지 과목은 중위권으로 최상위에서 하위까지 골고루 분포되어 있었다. 좋아하는 과목과 싫어하는 과목이 뚜렷하고 성적의 편차가 너무 심했다. 선생님은 나의 이런 성적을 알고는 또 의심을 가지는 듯싶었다. 혹시 시험에 부정이 있지 않는지 선생님이 나를 생각하지 않나 하고 오히려 내가 선생님을 의심하며 불편한 시간들이 계속되었다. 다행히 선생님은 2학년이 되자 다른 학교로 옮겨가셨다.

사회 과목 선생님이 가시고 나자 이번에는 새로 오신 수학선생님과의 관계로 힘들어지기 시작했다. 수학선생님은 수업 중 갑자기 무작위로 지명을 하여 우리에게 질문을 하였다. 대답을 잘 못하면 30센티 대나무 자로 손바닥을 때렸다. 다음에는 손 등을 때리기도 하고 손가락 끝을 때리기도 하였다. 때리면서 얼굴에 미소를 짓는 모습은 마치 우리를 조롱하는 것 같았다. 선생님은 나에게만 편파적이지는 않았다. 모든 학생에게 체벌과 조롱 섞인 말로 우리를 괴롭혔다. 그러나 가뜩이나 사회 과목 선생님으로부터 받은 상처 때문인지 수업 시간에 긴장이 되고 위축되어만 갔다. 이렇게 상처는 나에게 들어와 자리를 잡고서 나의 일부가 되어갔다.

한편 새로 오신 국어선생님은 젊고 패기 넘치는 총각 선생님이었는데 우리 반 담임을 맡았다. 담임선생님은 호랑이 같은 분이었다. 우리가 잘못하면 불같은 성격으로 운동장에 집합을 시키고는 땅바닥에 머리를 박고 엉덩이를 치켜든 채 두 손은 엉덩이에 올리고 두 발로 버티고 있는 벌을 주었다. 우리는 몇 초도 못 버티고 쓰러지기를 반복했다. 이 벌은 일명 '원산폭격'이라고 하며 주로 군대에서 하는 벌이다. 원산폭격이 끝나면 '오리걸음'을 하였고, 다음은 운동장을 몇 바퀴 돌아야 했다. 우리는 기진맥진하였지만 웬일인지 가슴이 후련해져서 교실로 돌아왔다. 선생님은 우리를 혹독하게 단련시키려 하면서도 우리를 존중해 주었다. 제자들을 진심으로 아끼는 말과 행동을 보여주었기에 선생님을 따르고 존경하였다. 담임선생님은 나에게 자신감을 주었지만 그것도 잠시뿐이었다. 선생님은 아쉽게도 1년 만에 다른 곳으로 전근을 가셨고 수학 선생님은 3학년 졸업 때까지 우리를 가르쳤다.

나는 중학생 시절은 물론이고 이후에도 선생님을 대하는 데 어려움을 겪어야 했다. 지레짐작으로 선생님은 나를 싫어하는 것은 아닐까. 선생님이 나를 또 의심하지는 않는지 자꾸만 걱정이 되었다. 선생님들을 자연스럽게 따르고 존경할 수도 없었다. 특히나 권위적인 선생님에게는 더욱 기가 죽었다.

성인이 되어 사회에 진출하고서도 상급자의 권위적인 태

도에 내 생각을 자신 있게 표현하는 것이 힘들었다. 나는 억눌린 감정을 그저 꾹꾹 참아내며 내 안의 어딘가에 묵혀놓기만 하였다. 억눌린 감정들이 계속 응집되면 어느 날 갑자기 전혀 다른 형태로 폭발하였다. 그것은 반항하거나 도피였다. 윗사람에게 따지고 대들거나 아니면 절망감에 빠져서 결근하는 날도 많았다. 남들이 보기에는 성실하고 순응적인 사람이었으나 부정과 부조리, 불합리한 지시에 매우 예민하게 반응하며 그것을 받아들이기 어려웠다.

나는 스스로 나를 매우 정의로운 사람처럼 여기게 되었고 나를 합리화하였다. 간혹 나를 인정하는 사람들도 있었지만 윗사람들은 고분고분하지 않는 나를 불편해하였고 승진에서 제외시키기도 하였다. 중학교 1학년 13살 아이에게 거짓말하는 학생으로 뒤집어씌운 굴레와 계속되는 냉대, 그리고 학생을 인격체로 존중해주지 않는 수학선생님의 비하와 조롱과 체벌은 나에게 트라우마가 되어 사람들과의 관계를 힘들게 하고 오랫동안 내 삶을 따라다니며 방해하였다.

매일 공원으로 나서면 산책길 옆에 밑동이 굵고 곧은 소나무 한 그루가 굳건하게 서서 나를 반겨준다. 소나무 눈높이 줄기에는 주먹보다 훨씬 큰 옹이가 단단하게 박혀있다. 그 옹이는 어린 나무였을 때 가지가 부러지며 큰 상처를 입었을 텐데, 이에 굴하지 않는 소나무는 스스로 송진을 내어 상처를 치유하고 더욱 단단해져서 우람한 나무로 자라게 하고 있었다. 나는 그 의연하고 떳떳한 모습에 가까이 다가가 옹이를 어루만지곤 한다. 옹이는 표면이 매끄럽고 속도 단단하여 더욱 아름답고 아픈 상처가 오히려 자랑스러워 보인다.

길을 더 가다 보면 오래된 아카시아 나무 한 그루가 있는데 줄기의 한가운데가 휑하니 구멍이 뚫려버렸다. 아마도 언젠가 가지가 부러지고 상처가 크게 난 것 같았다. 그런데 아카시아 나무는 그 아픔을 옹이로 단단하게 채우지 못하고 구멍이 뚫려 썩어가고 있었다. 아카시아 나무를 보면 마치 상처 난 나의 마음을 보는 듯해서 더욱 애처롭다. 소나무는 옹이를 만들어 튼튼하게 자라고 있는데 아카시아 나무는 왜 상처를 이겨내지 못하고 썩어가고 있을까.

트로트 옹이를 불러 2등을 한 여가수의 얼굴이 자꾸만 떠오른다. 씩씩하고 매사 활발한 모습 속에는 언뜻언뜻 어른거리는 슬픔이 담겨 있었다. 오랜 시간 무명가수로 활동하며 겪었을 냉대와 상처를 그녀의 큰 눈망울과 해맑은 미소에서 읽을 수 있었다. 그러나 지금의 그녀는 밝은 표정으로 무대에 선다. 그녀는 오랜 시간 가시처럼 박힌 상처를 스스로 치유하고 꿋꿋하게 이겨냈을 것이다. 냉혹했던 세상과 화해하며 아픔마저도 단단한 '옹이'로 채우고 세상을 향해 마음껏 노래를 한다.

내성적이고 감수성이 예민한 13살 아이에게 주어졌던 그때의 그 상처들은 지금 어떤 모습일까. 아카시아 나무처럼 옹이를 만들지 못하고 썩어가고 있을까. 소나무의 옹이처럼 더욱 단단해지고 있을까. 지금도 나에게는 선생님들에 대한 원망과 분노가 남아있으며 권위에 대한 반항심도 여전하다. 그러나 언제까지 상처를 껴안고, 원망과 분노를 품고 살 수 없음을 소나무와 아카시아 나무를 보며 생각한다.

   13살 그대로 멈추어 있는 나의 내면의 아이에게 말을 걸었다. 그때의 선생님도 아마 나처럼 상처 많은 사람들이었을 거라고, 상처 없는 삶도 없으며 모두가 상처에 힘들어 하지만 그것을 이겨내는 것이 또한 쉽지 않았을 거라고. 선생님도 상처를 어찌할 수 없어 자신의 아픔을 다른 사람에게 투사하여 회복하고자 하는 심리적 방어기제가 작동했을 것이라고. 이제는 선생님과 화해를 해야 할 때이며, 화해하지 않으면 내 상처는 이대로 남을 것이고 선생님의 상처도 그대로 남을 것이라고 말해 주었다.

   '옹이'를 부른 그 여가수처럼, 옹이가 박힌 채로 굳건하게 서있는 소나무처럼, 상처와 아픔마저 마음의 굳은살 같은 옹이가 되어 세상 한가운데에서 의연한 모습으로 서있자고 나에게 말해주었다.

우리는 어느 별이 되어 다시 만날까

"당신은 저 많은 별 중에 어느 별에서 왔어?"
"나는 달에서 왔는데.".
"당신은 어느 별에서 왔는데?"
"나는 화성에서 왔지."
"그렇지 당신은 화성에서 온 남자가 맞네."

삶의 길이는 결국 우리가 기억하는
이야기의 길이일 것이다.
언젠가 우리 곁에서 사라져 버릴 이야기들, 그러나
그 이야기들은 밤하늘에 별이 되어
먼 훗날 사람들에게 말해 줄 것이다.

나는 시골에서 나고 자랐다. 여름날 별이 총총히 빛나는 밤하늘을 바라보며 별을 세어보곤 했다. 숫자는 20에서 멈추곤 했다. 그 별인지 저 별인지 너무나 많은 별을 보며 얼마나 많은지 궁금하기만 했다. 칠흑같이 어두운 밤하늘에 알알이 박힌 수많은 별들이 깜빡거리며 마치 나를 부르며 손짓을 하는 것 같았다. 초저녁에 나타나 가장 밝게 빛나는 별은 매우 선명하다는 뜻으로 불리는 샛별이다. 샛별의 다른 이름은 금성이며 우리말로 '개밥바라기'라고도 부른다. 샛별은 간혹 달처럼 밝게 빛나기도 하였다. 북극성과 북두칠성을 찾아보고, 저 별은 무슨 별자리인지 알아맞히기를 하며 밤이 깊어가는 줄 몰랐다. 온 가족이 마당에 빙 둘러앉아 모닥불을 피우며 호랑이 담배 피우던 이야기로 밤이 깊으면, 별들은 더욱 밝게 빛나며 우리와 함께해 주었다. 지금은 가슴 시리도록 그리운 60년 전의 이야기다.

살아온 시간만큼이나 수많은 이야기들이 밤하늘의 별처럼 내 삶 안에 총총히 박혀있다. 이제는 별이 되어버린 많은 사람들이 그 안에 있다. 한때는 외할아버지와 외할머니와 함께 살았다. 아낌없이 사랑을 베풀어주며 내 마음 안에 사랑이라는 작은 나무 한 그루를 심어준 두 분은 나에게 초저녁 밤하늘에 가장 먼저 나타나는 노란색 샛별이다. 지금도 어둠에서 나를 밝혀주고 힘든 나를 다독여 준다. 아버지도 오래전에 별이 되셨다. 겉으로는 무뚝뚝하고 냉정한 아버지였지만 속마음은 따뜻하고 가족들 사랑이 많았다. 단지 표현을 하지 않았을 뿐 가족을 위해 고뇌하는 모습이 지금도 눈에 선하다. 아버지는 나에게 삶의 방향을 알려주는 북극성이 되었다.

지금은 나에게 별이 된 많은 사람들, 어쩌면 그들은 내 마음의 일부가 되고 내 세포가 되어 나와 함께 생각하고 슬퍼하고 기뻐하며 숨 쉬고 있는지 모른다. 죽어가고 사라져도 기억은 남는다. 어느 날 불현듯 보고 싶은 사람들, 내 안의 기억이라는 곳에서 그들을 꺼내어 본다. 사람의 마음에도 하늘이 있어서 밤이면 어김없이 찾아오는 별자리처럼 별이 되어 나타난다. 내 마음속에 새겨진 별자리를 보며 가야 할 길을 잃지 않고 잃어버린 꿈을 되살리며 동경하는 세계로 나아간다.

얼마 전에 여름휴가를 고향 집으로 갔다. 처마 밑에 의자를 놓고 아내와 나는 밤하늘의 별을 바라보았다. 그곳은 여전히 밤은 어둡고 하늘에는 별이 빛나고 있었다. 내가 아내에게 물었다.
"당신은 저 많은 별 중에 어느 별에서 왔어?" 한참 뜸을 들이던 아내가 말한다.
"나는 달에서 왔는데." 아내도 나에게 물었다.
"당신은 어느 별에서 왔는데?"
"나는 화성에서 왔지."
"그렇지 당신은 화성에서 온 남자가 맞네."

아내가 통쾌하다는 듯이 박장대소하며 웃는다. 아내는 마냥 순리대로만 살 것 같은 내가 도저히 이해할 수 없는 일을 저지르며 가족을 힘들게 했던 순간들을 떠올리고 있었던 것이다. 웃을 수 있는 여유가 생긴 것은 많은 우여곡절을 힘들게 넘었고, 그 굽이굽이마다에는 어두운 밤하늘의 달처럼 말없이 내 등 뒤에서 어두운 길을 밝혀주며 함께해 준 많은 시간들이 있었기 때문이다. 이제는 달그림자처럼 어두운 길을 서로 의지하며 걸어가고 있다.

우리는 오랜 시간 하늘을 바라보았다. 밤하늘의 별들은 60년 전이나 지금이나 변함없이 그 모습 그대로 반짝거리지만 우리는 너무나 많이 변했다. 우리의 대화에는 죽음이라는 것에 대해 이야기하는 횟수가 많아졌다. 피할 수 없는 것이 다가오고 있음을 점점 더 자주 느끼고 있다. 별을 보며 생각한다. 나는 어느 별에서 와서 어느 별이 될 것인가.

물리학자인 리처드 파인만은 이렇게 말했다. "세상 모든 것은 원자로 되어있다." 나 역시 원자로 구성되어 있다. 우리 지구별은 46억 년 전 우주에 떠도는 먼지와 기체들이 응축되어 만들어졌다. 그 후 지구의 생명체도 우주에 떠도는 티끌인 원자들이 결합되어 우연히 만들어졌다. 탄소를 기반으로 하여 다른 원자가 결합된 유기물질이 만들어지고 또 다른 원자가 결합되고 복제되고 진화하면서 처음에는 박테리아와 단세포 생명체에서 나무와 동물과 인간으로 다양한 종이 탄생하였다. 그러나 이 모든 것은 원자로 되어있다. 사람인 나는 탄소(C)와 수소(H), 질소(N), 산소(O)등 원자들이 결합하여 영혼을 가진 생명체가 되어 사랑하고 미워하며 사람들과 살고 있다. 그러나 생명이 다하는 날 우리는 다시 원자로 남아

우주 공간에서 떠돌 것이다.

  누군가는 '삶이란 죽음으로 가는 것'이라고 했고, 또 누군가는 '죽음이란 낡은 것이 새것에게 자리를 내어 주는 것'이라고 했다. 사람도 자연의 일부이기 때문에 자연에서 와서 자연으로 돌아가는 순환의 과정 속에 잠시 머물다 간다. 잠시라는 시간은 아주 짧기도, 길기도 한다. 도서관에 소장된 이야기처럼 나에게도 지나간 수많은 이야기들이 가물가물 떠오른다. 그 긴 이야기들을 펼쳐놓으면 한없이 길지만 어느 때가 되면 한 순간으로 짧아졌다가 별처럼 사라져 버릴 것이다. 삶의 길이는 결국 우리가 기억하는 이야기의 길이일 것이다.

  언젠가 우리 곁에서 사라져 버릴 이야기들, 그러나 그 이야기들은 밤하늘에 별이 되어 먼 훗날 사람들에게 말해 줄 것이다. 우리가 사랑하고 아름다웠던 이야기는 누군가에게 희망이 되고 꿈이 되고 위로가 될지도 모른다. 우리가 다시 원자로 돌아가 저 광대한 우주에 떠도는 티끌이 되어 어느 별에서 밤하늘을 비추고 있을까? 그리고 무슨 이야기들을 하고 있을까? 아내에게 다시 물었다.

  "우리는 어느 별이 되어 다시 만날까?"

여행 그리고 자유

"대부분의 인간은 바람에 날려서 빙글빙글 춤추고
방황하고 비틀거리면서 땅으로 떨어지는 나뭇잎과 비슷하다.
그러나 별을 닮은 인간도 있다.
그들은 확고한 궤도를 걷고, 어떠한 강풍도 그들에게는 닿지 않는다.
그들은 자신의 내부에 자신의 법칙과 자기만의 궤도를 가지고 있다."
— 헤르만 헤세, 『싯다르타』

"저는 제주도에 갑니다." 카톡에 이런 문자가 왔다. 마음이 심란해서 갑자기 떠난다고 했다. 그러고는 공항에서 사진 한 장을 보내왔다. 어떤 어린아이가 2층 로비에서 밖을 내려다보고 있는 사진이었다. 그 아이의 뒷모습 사진이 왠지 쓸쓸해 보였다. 가족이 없는 그 친구의 쓸쓸함이 사진 속에 고스란히 투영되어 있었다.

나는 창문을 열고 김포공항에서 이륙하는 비행기들을 쳐다보았다. 멀리 한강 너머 아파트 지붕 위로 보이는 제주도행 비행기는 인천 앞바다 앞에서 방향을 틀어 서해안을 따라 시야에서 사라졌다. 빈 하늘에는 한참이나 쓸쓸함이 남아 있었다.

사람은 왜 떠나는 걸까? 사람들은 한 곳에 편안히 자리 잡고 사는 삶을 추구하면서도 낯선 곳으로 떠남을 반복하는 것일까. 여행이라는 이름으로 우리는 떠나고 돌아오는 불편함을 기꺼이 감수하면서 떠나지 않으면 해결이 안 되는 삶의 부스러기들을 가방에 한가득 담아간다. 여행은 일상에서 벗어나 낯선 곳에서 새로움을 마주하며 현실 세계의 삶을 망각한다. 홀가분함을 즐긴다. 그래서 떠나는 자는 자유롭다.

비행기는 바다를 건너가고 떠나는 자와 남겨진 자와 사이에는 영원처럼 먼 시간과 한 은하와 같은 먼 거리가 존재한다. 자유를 찾아 떠나는 자, 자유를 그리워하는 남겨진 자의 사이에는 무엇이 자리할까. 불현듯 남겨진 자의 가슴 한쪽에는 구멍이 뚫리고 그 사이로 바람이 휑하니 지나간다. 알 수 없는 공허감이 밀려온다. 한 은하와 같은 먼 거리에는 한쪽에는 자유가, 한쪽에는 공허가 자리하고 있다.

헤르만 헤세는 "여행을 떠날 각오가 되어 있는 사람만이 자기를 묶고 있는 속박에서 벗어날 수 있다."라고 하였다. 나를 묶고 있는 속박이란 무엇일까. 어디론가 떠나고 싶은데 왜 떠나지 못하는 것일까. 먹고살아야 하는 일뿐만이 아니라 너무 많은 이유가 있다. 사람이란 오롯이 자기 자신만을 위해서 살 수 없고, 어쩌면 타인을 위해 희생하고 배려하고 때로는 일치하며, 개인의 자유를 보류하며 살아야 하는 현대인의 삶이다. 가정과 직장과 조직과 사회, 제도와 도덕과 규범을 지키고 윤리와 당위의 자기 검열을 통과해야 한다.

떠난 자는 자유를 얻고 남겨진 자에게 쓸쓸함을 선물하였다. 그러나 남겨진 자의 허전함은 자유를 더 갈망하고 드디어 자유를 얻는 날 그 자유는 더 자유로울 것이다. 하지만 여행이 항상 자유롭고 낭만적인 것만은 아니다. 여행을 통해 자유를 갈망하지만 때로는 쓸쓸한 여행이 되기도 하고 도피를 위한 여행이 되기도 한다. 혼자 하는 여행은 자유롭지만 쓸쓸하고 어쩌면 현실로부터 도피일 수도 있다. 도피와 자유는 다르다. 도피는 현실의 문제로부터 잠시 멀어지는 것이지만 진정한 자유는 그것을 극복하는 것이다. 여행은 진정한 자유를 찾을 수 있는 변화된 새로운 나의 모습으로 돌아올 수 있도록 도와주기도 한다.

헤르만 헤세는 또 자신의 방랑과 여행을 이렇게 말했다고 한다. 누군가를 사랑하고픈 열망을 여행이라는 충동으로 대체한다고 하였다. 그것을 '에로스적인 충동'이라고 하였다. 채워질 수 없는 사랑의 갈증이 또 어디론가 떠나게 한다는 것이다. 사랑에 빠지고 싶은 충동을 바다와 산과 들판과 낯선 도시의 풍경에 대하여 사랑으로 대체하는 삶을 소설 속에 '크눌프'라는 주인공을 통해 묘사하였다.

　　'크눌프'는 끊임없는 방랑 중에서 많은 사랑의 대상을 발견하고 사랑하고 싶지만 그는 결코 사랑할 수 없었다. 그는 다시 떠나야 하고 사랑을 머물 수는 없었기 때문이다. 크눌프는 예의 바르고 사람들을 기쁘게 하고 행복하게 하지만 그는 상처를 남겨두고 싶지 않았다. 그래서 또 떠나야 했다. '크눌프'는 자유를 찾아 끊임없이 떠났지만 어쩌면 그 자유에 구속되었는지 모르겠다. 안주하는 삶은 자유를 구속하지만 자유는 또 안주하는 삶을 방해하기도 한다.

　　떠난 자는 돌아오고 남은 자의 공허는 해제되었다. 돌아온 자는 진정한 자유를 얻었을까. 그것은 알 수 없지만 삶에서 완벽한 자유란 없으므로 갈망의 대상으로 존재하며 오래 머물러있지는 않는다. 그래서 언젠가는 또 훌쩍 떠날지도 모른다. 또 누군가를 남겨두고. 헤르만 헤세는 싯달타에서 말했다.

　　"대부분의 인간은 바람에 날려서 빙글빙글 춤추고 방황하고 비틀거리면서 땅으로 떨어지는 나뭇잎과 비슷하다. 그러나 별을 닮은 인간도 있다. 그들은 확고한 궤도를 걷고, 어떠한 강풍도 그들에게는 닿지 않는다. 그들은 자신의 내부에 자신의 법칙과 자기만의 궤도를 가지고 있다."

― 헤르만 헤세, 『싯다르타』

젊은 날의 나의 삶에서도 자유를 찾아 어딘가로 자주 떠나가곤 했다. 조직의 틀에 얽매어 가슴이 답답해지고 그런 날들이 축적되면 어느 한순간 나도 모르게 자동차를 몰고 도시를 벗어났다. 국도를 지나 지방도를 거쳐 한적한 시골길로 접어들면 숨을 쉴 수 있었다. 자연으로 들어오면 맑은 영혼이 다시 깨어나고 법정스님의 말처럼 세상 것들이 시시해졌다. 드디어 자유를 찾은 듯싶었다. 이런 날들이 오랫동안 반복되었지만 나는 진정한 자유를 찾지는 못하였다. 다만 잠시의 도피와 일탈과 조금의 치유가 있을 뿐이었다. 그러나 그것마저 없었다면 삶은 삭막함으로 질식했을 것이다. 또한 여행과 방황을 통하여 비틀거리면서 조금씩 나를 찾아가기도 했다. 떠남과 돌아옴을 반복하며 성장해 갔을 것이다.

돌아온 자의 일상과 남아있던 자의 일상이 동시에 제자리로 돌아왔다. 떠난 자는 자신만의 궤도를 가지고 돌아왔을까. 이제는 어떤 삶이 그들을 기다리고 있을까. 삶은 무던히도 변하지만 또한 변하지 않는 모습 그대로이다. 우리는 변하지 않는 지루한 일상을 살아가야 할 것이다. 그 삶 속에서 발견해내야 할 것이다. 우리가 무엇을 위해 살아가야 하는지. 그것이 여행인지 자유인지 또는 물질인지 명예인지 진리인지 사랑인지. 그렇다 이 모든 것들은 다 필요한 것들, 소중한 것들이다. 우리는 그것들을 추구하고 지키며 살아야 한다. 그리고 무엇보다 자신만의 법칙과 궤도를 가져야 한다. 그것이 진정 자유일 것이다.

가을날

내 삶에도 가을이 지나가고 있습니다.
내 안에는 무엇이 익어가고 있을까 궁금해집니다.
그러나 참으로 알 수 없는 것이,
가장 잘 알아야 하는 나를 나는 잘 모른다는 것입니다.
어쩌면 이 깊은 가을에 또다시
고독이 필요한 이유인지 모르겠습니다.
내면으로 들어가는 길은 고독이 자리 잡고 있으니까요.
고독은 외로움도 쓸쓸함도 아닙니다.
내면의 자아와 만나는 혼자만의 시간입니다.
이 충만한 시간에
내면의 곳간을 알차게 채워야겠습니다

그 험한 고독이 어쩌면 오늘의 나를
완성한 것이 아니었을까요.

태양은 머리 위에서 작열하고, 여름이 왜 그렇게 무더웠는지. 장마는 왜 그렇게 길고도 지루했는지. 대지에 온통 습기를 뿌리고, 폭풍우는 나무들을 흔들어대며 잎이 떨어지고 가지가 꺾이는 시련을 안겨주었는지. 유난히 긴 여름을 보내고 가을 한가운데 서서 지난여름을 돌아보며 "여름은 참으로 위대했습니다." 라이너 마리아 릴케가 했던 말을 떠올려 봅니다.

쇠잔해진 가을 햇살 아래에서 불현듯 여름의 이글거리는 태양을 그리워합니다. 들판에는 벼들이 누렇게 익어갑니다. 밭에서는 고추와 사과가 빨갛게 색을 칠해갑니다. 산수유 열매는 금방이라도 빨간 속살을 터트릴 것 같습니다. 햇살과 바람과 비와 땀으로 키운 열매에는 저마다의 맛과 향으로, 그리고 미래를 잉태한 생명으로 알알이 한 우주가 담겨있습니다. 풍요로운 들판과 색깔이 바랜 풀잎과 단풍으로 물든 숲길을 걸으며 찬란한 가을을 준비한 여름이 얼마나 위대한지 이제는 알 수 있을 것 같습니다.

깊어가는 가을 속으로 걸어갑니다. 발아래 낙엽이 사그락거리며 이별을 노래합니다. 이렇게 마지막 인사를 마치면 한 줌의 먼지가 되어 땅으로 돌아가겠지요. 나무들은 봄 여름을 함께했던 낙엽을 보내며 지난 계절을 아쉬워하겠지만, 떨어져 간 나뭇잎은 그 자리에 봄을 위한 겨울눈을 준비해 두었습니다. 다시 새싹이 돋고 연두색의 봄이 시작될 것입니다.

자연의 섭리는 참으로 신비롭습니다. 모든 것은 때가 있어서, 태어나고 피어나고 열매 맺고 익어가고 사그라지고 순환합니다. 해가 뜨면 하루가 시작되고 낮과 밤이 바뀌고 계절이 바뀝니다. 그때마다 모습이 바뀌고, 모든 생명은 각각의 시간과 삶과 소명을 받습니다. 자연의 모든 존재들은 자기 나름의 방식으로 살아가며 고유함을 지킵니다. 그 고유함 안에서 최선의 아름다움을 만들어갑니다. 연두의 새잎이 초록의 무성한 잎이 되고 나무들이 성장하면 갈색의 단풍이 되어 나무에서 떨어져 나갑니다. 나뭇잎도 가을에는 그 소명을 다한 것을 알기 때문입니다. 자신의 역할을 다하고 돌아서는 모습은 아름답습니다.

가을 숲길은 적막합니다. 아름다운 단풍 길도 쓸쓸함을 비켜갈 수 없습니다. 혼자 걸으면 이 계절의 고독을 온몸으로 느낄 수 있습니다. 가을이, 인생이 고독합니다. 참나무 숲에 들어서니 도토리가 땅에 떨어져 있습니다. 청설모 한 마리가 도토리 한 알은 입에 물고, 한 알은 두 앞발로 움켜잡고 있습니다. 도토리 두 개를 움켜쥐고 나를 빤히 쳐다봅니다. 절대 뺏기지 않겠다는 전의가 불타고 있습니다. 숲 저쪽에서는 도토리를 줍는 사람들이 허리를 굽히고 풀 속을 뒤집니다. 청설모와 사람이 도토리를 두고 전쟁하듯 합니다. 도토리는 원래 누구의 먹이일까요? 오늘따라 청설모의 작은 눈망울이 고독해 보입니다.

참나무 숲을 벗어나자 들판이 나옵니다. 누런 벼들이 베어지고 있습니다. 밭에서는 농부가 고추를 따고 있습니다. 논과

밭이 점점 빈 들이 되어가고 있는 것을 보니 남은 가을이 많이 짧아진 것 같습니다. 해는 점점 남쪽으로 기울어지고 빛은 그 힘을 잃어 가고 빈 들에 서니 고독이 엄습해 옵니다. 라이너 마리아 릴케는 여름도 위대하다고 했고, 고독도 위대하다고 합니다. 자연과 사람의 모든 결실에는 여름의 노고와 고독한 탐구와 성찰이 있어야 하니까요. 그래서일까요. 인생이 고독할 때가 많았습니다. 생존을 위해 몸부림치던 시간들 속에는 고독한 순간들이 많았습니다. 인생을 잘 몰랐기에 삶이 서툴렀고 모두들 자기 살기에 절절매며 고독을 함께 할 수 없었습니다. 삶은 이렇게 결정적인 순간에 외로운가 봅니다. 그러나 그 험한 고독이 어쩌면 오늘의 나를 완성한 것이 아니었을까요.

꽤 먼 길을 걸어왔나 봅니다. 저만큼 빈 의자가 보입니다. 좀 쉬었다 돌아가야겠습니다. 멀리 서쪽 하늘에 불그스레 노을이 집니다. 하늘에는 높은 구름이 흩뿌려있습니다. 구름 속에 있는 작은 물방울 알갱이들이 지는 석양에 반사되어 붉은 구름이 되어 하늘을 뒤덮고 있습니다. 낙엽도 석양도 사그라지는 것은 아름답습니다. 계절도 그렇습니다. 우리네 인생까지도 그랬으면 좋겠습니다. 나에게도 많은 가을이 지나갔습니다. 지구가 태양을 공전하는 것을 60번을 훨씬 넘게 지켜보고 있습니다. 그때마다 가을이 어김없이 찾아오곤 했지요. 곡식과 나무들이 열매를 맺고 익어가는 것을 보았습니다. 때로는 병들고, 때로는 태풍으로 쓰러지고, 아픔과 실망을 안겨주기도 했지요. 어느 해는 너무 더워서, 또는 너무 추워서 좋은 열매를 볼 수 없었지요. 그래도 가을은 많은 생명들을 먹이고 살려내었습니다. 그래서 각자의 생명들은 이 가을에 자기들만의 풍성한 축제를 벌입니다.

　내 삶에도 가을이 지나가고 있습니다. 내 안에는 무엇이 익어가고 있을까 궁금해집니다. 그러나 참으로 알 수 없는 것이, 가장 잘 알아야 하는 나를 나는 잘 모른다는 것입니다. 어쩌면 이 깊은 가을에 또다시 고독이 필요한 이유인지 모르겠습니다. 내면으로 들어가는 길은 고독이 자리 잡고 있으니까요. 고독은 외로움도 쓸쓸함도 아닙니다. 내면의 자아와 만나는 혼자만의 시간입니다. 이 충만한 시간에 내면의 곳간을 알차게 채워야겠습니다. 가을의 햇볕만큼이나 짧아져만 가는 내 삶의 시간이 아쉬워집니다. 그래서 라이너 마리아 릴케의 시 「가을날」을 되뇌어봅니다.

"마지막 열매들이 탐스럽게 무르익도록 명해 주시고,
그들에게 이틀만 더 남국의 나날을 베풀어 주소서,
열매들이 무르익도록 재촉해 주시고,
무거운 포도송이에 마지막 감미로움이
깃들이게 해 주소서."

내 안에 맺힌 포도송이가 잘 익어갈 수 있기를······.
짧은 가을날을 보내는 아쉬운 마음은 스스로 기도가 됩니다.

남도답사 1번지
강진 여행

어머니가 나고 자라고,
내가 나고 자란 강진의 모란을 보면
어머니가 생각나고,
어머니를 보면 강진의 모란이 생각난다.
그래서 봄이면 병처럼 강진에 가고 싶다.

4월 하순, 강진 김영랑 시인의 생가에는 모란이 지고 있었다. 모란을 보기 위해 서울에서 408km를 달려왔다. 4, 5월에 피는 모란꽃도 온난화를 피해 가지 못하고 일찍 피고 일찍 진다. 시들어 가면서도 힘겹게 가지에 매달려 있는 꽃잎을 나는 오랫동안 바라보고 있었다. 마치 그 누구를 기다리고 있는 양 애처로운 모습이었다.

강진에 오기 전에 광주에서 요양병원에 계시는 어머니를 보고 왔다. 어머니는 나를 만나면 이렇게 시작한다.
"오매매 우리 아들 왔냐! 우리 아들." 그러고는 퍽퍽 흐느끼며 운다. 한참을 울다가는
"잘 살어라잉, 잘 살어."
어머니가 하는 말은 딱 이것뿐이다. 그러고는 휠체어에 앉아 면회실에 있는 10분을 채 버티지 못하고 병실로 가신다. 93세가 된 어머니는 지금 기력도 기억력도 언어도 거의 남아 있지 않다. 10년째 이러고 계신다. 시들어가는 모란꽃처럼 마지막 남아 있는 기력과 기억과 단어를 붙잡고 나를 기다리고 있었는지 모른다. 자주 오지 않는 아들을 기다리면서. 어머니가 나고 자라고, 내가 나고 자란 강진의 모란을 보면 어머니가 생각나고, 어머니를 보면 강진의 모란이 생각난다. 그래서 봄이면 병처럼 강진에 가고 싶다.

"모란이 피기까지는/ 나는 아직 나의 봄을 기다리고 있을 테요"

시인이 기다리던 봄은 무엇이었을까? 시인은 고등학교 3

학년 때 3·1 운동이 일어나자 강진에서 만세운동을 거사하려다 체포되어 6개월의 옥고를 치렀다. 시인은 일제 강점기 창씨개명을 거부하고 고향 강진에서 일제에 항거하며 시를 썼다. 강진 읍내의 따뜻한 남쪽 바다가 바라다 보이는 언덕배기 생가에서 조국의 독립을 기다리며 모란을 가꾸고 시를 썼을 것이다.

김영랑은 1930년 박용철, 정지용과 함께 시문학동인을 결성하여 순수시문학을 전개했다. 사람들은 '북에는 김소월 남에는 김영랑'이 있다고 하였다. 김영랑은 우리말의 아름다움과 남도의 방언으로 섬세하고 영롱한 서정시를 남겼다. 생가 옆에는 '시문학파 기념관'이 있다.

자동차가 강진 읍내를 벗어나면 곧장 너른 들이 나온다. 바다가 가깝다. 시원한 바닷바람이 머리카락을 날리고 푸른 보리밭에 잔물결을 일으킨다. 유홍준 교수의 '나의 문화유산답사기' 첫 페이지 첫 줄은 이렇게 시작된다. "국토의 최남단, 전라남도 강진과 해남을 나의 문화유산답사기 제1장 제1절로 삼은 것은 결코 무작위 선택이 아니다." 이어서 "월출산, 도갑사, 월남사지, 무위사, 다산초당, 백련사, 칠량면 옹기마을, 사당리 고려청자 가마터, 해남 대흥사와 일지암, 고산 윤선도 고택 녹우당, 그리고 달마산 미황사와 땅 끝에 이르는 이 답사길을 나는 언제부터인가 '남도답사 일번지'라고 명명하였다." 유홍준 교수도 남도의 보리밭을 지났다. '일렁이는 보리밭의 초록물결'과 '구강포의 푸르름보다 더 진한 강진의 하늘빛'을 보며 "남도의 봄빛을 보지 못한 자는 감히 색에 대하여 말하지 말라."라고 하였다.

다산초당으로 가는 길은 보리밭 들녘을 지나가야 한다. 원색 가득한 봄빛 들을 가로질러 자동차로 10분을 가면 백련사가 있고, 다산초당은 백련사와 800m의 오솔길로 이어져 있다. 백련사는 고려시대에 '백련결사'가 이곳에서 결성되어 불교 쇄신과 사회 모순을 극복하고자 했던 불교 정화운동의 요람이었다.

백련사 주차장에 차를 세우고 백련사를 거쳐서 다산초당으로 가는 오솔길로 접어들었다. 아름답기로 유명한 백련사 동백숲은 오솔길 초입에 있다. 천연기념물로 지정된 오래된 동백숲이다. 내가 초등학교와 중학교 때 이곳은 '봄소풍 일번지'였다. 이 숲에서 노래자랑, 보물찾기를 하고 삶은 계란 하나씩 들어있는 소풍 도시락을 맛있게 먹었던 기억이 새롭다. 동백꽃은 이미 때를 지났는데 아직도 꽃 몇 송이가 가지에 남아있었다. 땅에 떨어진 빨간 동백을 보고 있노라면 진한 그리움이 밀물 듯이 밀려온다. 잊고 살았던 오래된 사람들이 이 동백숲에서 되살아난다. 봄이면 병이 나는 또 다른 이유다.

다산 정약용 선생은 다산 초당과 백련사로 이어지는 오솔길을 수도 없이 걸었다. 백련사에는 그의 친구이자 스승이자 제자인 혜장 선사가 있었다. 혜장 선사는 한 밤중에도 다산초당에 불쑥 찾아오기를 해서 다산선생은 밤늦도록 문을 열어 놓았고, 둘은 차를 마시며 밤이 새도록 학문을 토론하였다고 한다. 동백숲 옆으로 지금도 그때의 차밭이 있고 다산초당으로 가는 길옆에는 야생 차나무들이 무수히 자라고 있다. 다산선생이 스스로 다산(茶山)이라고 호를 붙인 것이 이곳 초당이 있는 만덕산에 야생 차나무가 많았기 때문이었다.

아주 느린 걸음으로 오솔길을 걷는다. 20분도 채 걸리지 않는 짧은 길이지만, 여행을 오기 전부터 마음을 설레게 하였던 곳이 이 오솔길과 동백숲이었다. 지금도 200백 년 전 다산선생이 걸었던 길의 정취가 그대로 남아있다. 호젓한 오솔길 옆으로는 다양한 나무들이 어우러져 청정한 숲을 이루고 있다. 이 길을 걸으면 번잡한 세상을 벗어나 다산선생의 숨결을 오롯이 느낄 수 있다. 저절로 경건해지며 정화된 마음을 느낄 수 있다. 좌절과 절망 속에서도 부조리한 세상에서 가난한 삶을 사는 백성을 구하고 사회를 바꾸고자 고뇌하며 이 길을 걸었을 선생의 모습을 상상해 본다.

다산초당은 '동암'과 '서암'으로 2개의 작은 건물이 있다. 다산 선생은 이곳 초당에서 학문을 연구하며 제자들을 가르치고 '목민심서'를 비롯하여 500여 권에 이르는 방대한 책을 저술하였다. "다산을 모르는 사람은 없으나 다산을 다 아는 사람은 없다."라는 말이 있다고 하니 선생의 학문이 얼마나 넓고 깊은지 짐작할 수 있을 것 같다. 초당 마루에 걸터앉아 서늘한 바람을 맞으며 앉으니 적막한 시간은 200년 전으로 흐르는 것 같다. 200년 전에 남긴 다산선생의 흔적들을 마음에 다 담고 싶다.

    다산초당에서 다시 오솔길로 돌아오며 구강포 바다가 바라보이는 길모퉁이에 있는 '천일각' 정자로 간다. 다산선생은 흑산도에 있는 약전 형님이 애타게 보고 싶을 때면 이곳에서 바다를 바라보며 시름을 달랬다. 바다를 바라보면 다산선생의 애틋한 마음이 전해져 온다. 초당 아래 귤동 마을에 있는 '다산박물관'으로 향했다. 다산박물관은 다산 선생의 출생부터 성장, 관직생활, 유배생활, 유배 이후의 삶과 선생이 저술한 책에 대하여 살펴볼 수 있도록 잘 전시되어 있다.

    강진은 역사와 문화가 살아 숨 쉬는 곳이다. 또한 유홍준 교수는 강진의 한정식을 우리나라 최고로 꼽았다. 지금도 강진의 맛 기행을 위해 많은 관광객이 전국에서 찾아온다. 강진은 반도의 남쪽 끝자락에 올망졸망 솟아오른 산봉우리들이 끊어질 듯 이어지는 유려한 곡선의 평화로운 산세가 강진만 바다를 빙 둘러싸고, 산 아래 들녘에는 푸른 보리밭이 넘실대며 그 너머로 갯벌과 바다가 펼쳐진다. 아름답고 아기자기하고 푸근한 고장이다. 마치 외할머니 집 같이 정겨운 고장이다. 그 땅 곳곳에는 다산 정약용 선생의 자취가 남아있고, 김영랑 시인의 정서가 깃들어 있으며, 고려시대를 화려하게 꽃피웠던 고려청자의 예술혼이 서려있다.

    청소년 시절을 보내고 강진을 떠나 또 학교를 다니고 사회에 진출하여 도시에 터를 잡았다. 그러나 지나온 삶은 청소년

시절의 꿈은 사라지고 생계를 위한 방편으로서의 삶이었다. 이번 여행에서 나는 비로소 발견했다. 청소년기 내가 보냈던 강진은 나에게 문학과 예술의 감수성을 키웠고, 한때는 문학을, 한때는 그림을 꿈꾸게 했다. 그곳의 푸근하고 아름다운 산과 들과 바다는 나에게 자연에 대한 넉넉한 감성을 가지게 하였다. 어쩌면 이번 여행은 잃어버린 본래의 나를 찾고자 떠났던 여행이었는지 모른다. 그때의 꿈과 순수함과 사랑을 되찾기 위해서.

 집으로 돌아오는 길, 강진의 산과 들과 바다가 하는 말이, 그리고 어머니가 하신 말이 자꾸만 귓가에 맴돈다.
 "잘 살어라잉, 잘 살어"

백련사 동백숲

이른 봄 남쪽
꽃 소식 들리면
백련사 동백숲으로 가고 싶다

지천에 봄꽃 휘날리면
심란한 마음
백련사 동백숲으로 가고 싶다

봄은 다 지나가는데
붉은 그리움으로
백련사 동백숲으로 가고 싶다.

두고 온 구강포
뚝뚝 눈물 흘리는 동백꽃 기다리는
내 고향 백련사 동백숲으로 가고 싶다

내가 보고 싶을 땐
가끔씩 하늘을 쳐다봐

그는 나의 자아(自我)를 일으키고,
그것을 끄집어내어 세상 밖으로 나오도록 하였다.

모든 사람의 존재는 세상의 모든 존재들로
이루어지듯이, 친구의 삶은 나의
삶을 형성하는 한 부분이 되어 나에게 존재하고 있다.

창문 너머 하늘을 본다. 미세먼지 없는 맑은 하늘이다. 눈이 수평으로 향하는 곳, 땅과 맞닿은 곳의 하늘은 옅은 회색빛이 감도는 파란색이다. 고개를 들어 올려 높은 하늘을 바라볼수록 하늘색은 점점 짙어지고 중천은 짙은 코발트색이다. 언제부터인가 하루에도 몇 번씩 하늘을 쳐다보는 것이 버릇이 되었다.

저 멀리 한강 너머에 김포공항이 아파트 숲 뒤로 어렴풋이 보이고, 마침 비행기가 이륙하여 30도 각도로 하늘을 향해 오르고 있었다. 비행기 고도가 높아지고 눈에서 사라져 간 뒤 비행기구름이 생기고 흩어지며 그림을 그린다. 그때 무심코 구름을 쳐다보다가 깜짝 놀라고 말았다. 사람의 얼굴이 보였다. 내가 좋아했던 친구의 얼굴이었다. 지금은 이 세상에 없는 친구가 구름 속에 있었다. 가만히 생각하니 오늘은 친구가 세상을 떠난 지 2년 되는 날이었다.

3년 전 어느 날, 친구가 응급실에 있다는 전화가 걸려왔다. 퇴근을 하고 친구들과 함께 병원으로 갔다. 검사 결과는 폐암 1기로 밝혀졌는데 정밀검사가 더 필요하다고 하였다. 황망하였지만 현실을 받아들이고 폐암이라는 어두운 현실과 1기라는 희망적인 미래를 생각하기로 하였다. 그러나 그것도 잠시, 이틀 후 다른 검사 결과가 나왔다. 폐암은 4기이며 이미 머리와 뼈로 전이가 되어 수술을 할 수 없다는 것이었다. 그곳 병원에서는 더 이상 치료를 할 수 없었고, 결국 암 전문병원으로 옮겨 일명 '표적치료'라고 하는 표적항암제를 투여하는 약물치료 방법으로 치료를 하기 시작하였다.

뜻밖의 현실과 마주한 가족들은 슬픔과 혼란 속에서 갈팡질팡 하였다. 장기간 계속 될 치료비와 가족들의 생계는 어떻게 해 나갈 것이며, 무엇보다 치료가 성공적으로 잘 될 수 있을 것인지, 가족은 물론 모두들 혼란스러운 것은 마찬가지였다. 그래도 옆에 있는 우리가 해야 할 일은 가족들이 안정을 되찾고 차분하게 대처할 수 있도록 도와주는 일이었다.

우리가 할 수 있는 또 다른 일은 면회를 자주 가는 일이었다. 친구는 평소처럼 평화로운 모습으로 미소를 지으며 우리를 맞이하곤 하였다. 자신의 상태가 어느 정도인지 이미 알고 있으면서도, 그리고 몹시도 고통스러울 텐데도 전혀 내색하지 않았다. 친구와 나는 같은 성당을 다닌다. 주말 휴일 병문안 때면 한 시간씩 그와 함께하였고, 그는 신앙생활에 관한 소식을 듣는 것과, 성가를 들려주는 것을 좋아하였다.

친구가 아프기 몇 년 전, 친구와 나는 수도권에서 지방으로 근무지를 이동하게 되었다. 같은 회사가 아니었지만 우연히 거의 같은 시기에 그는 전주로, 나는 전라남도 영암으로 내려가게 되었다. 우리는 주말이면 경기도에 있는 집을 다녀가게 되었고, 일요일 오후면 내 자동차를 같이 타고 지방으로 돌아갔다.

우리는 친구의 숙소가 있는 전주까지 3시간 동안 마음 깊은 이야기를 나누었다. 어려운 회사생활, 종교에 관한 것들, 크고 작은 문제들이 반복되는 가족의 문제와 노년을 바라보고 있는 사람들의 고민과 앞으로의 계획까지 우리의 대화는 끝이 없었다. 그와 나누었던 많은 대화와 그의 살아가는 모습은 내가 살아가는 본보기가 되어 주었다. 그는 나 보다 한 살 아래였지만 그는 나를 형이라고 불렀다. 그러나 그는 오히려 형처럼 속이 깊고 헌신적이며 배려심이 많고 온유한 사람이었다.

어느 날 그가 나에게 말했다. "형에게서는 포오스(force)가 느껴진다." 나는 폭소를 터뜨렸지만 그는 계속하였다. "형이 가지고 있는 것을 자신이 모르고 있어, 잘 보이지 않지만 그런 게 있어." 나는 그 단어가 가지는 의미와는 정 반대의 나를 잘 알기 때문에 어이없어하였지만, 나에게 있는 장점을 발견하고 자신감을 주기 위해 하는 말이라는 것을 알았다. 그는 나의 자아(自我)를 일으키고, 그것을 끄집어내어 세상 밖으로 나오도록 하였다. 그와의 대화는 항상 시간을 단축시킨다. 어느덧 그의 숙소에 도착하였고, 못다 한 이야기를 뒤로 한 채 도시를 빠져나와 다시 고속도로를 달린다. 내가 머물고 있는 숙소까지는 앞으로도 2시간은 더 가야 한다. 친구와 나는 2년의 지방 근무를 마치고 비슷한 시기에 다시 집이 있는 경기도로 왔다. 그러고 나서 얼마 후에 암 진단을 받고 1년의 투병생활 끝에 하늘나라로 갔다.

김포공항 하늘에 만들어진 비행기구름이 사라지자 불현듯 잊었던 약속을 떠올리듯 서둘러 집을 나섰다. 자동차를 타고 친구를 만나러 가는 길은 삼십 분이면 족했다. 봉안당 안으로 들어서자 그곳은 온통 아름다운 꽃들이 피어있고, 낯선 얼굴들이지만 단정한 복장에 밝은 웃음을 한 많은 사람들이 내 친구와 이웃하며 지내고 있었다. 우리는 서로 다른 세상에 살고 있지만 친구는 같은 세상에 살고 있는 것처럼 여전히 따뜻한 미소를 지으며 우리를 바라보고 있었다. 이제는 말 없는 대화를 나누어야 한다. 어쩌면 가식이 없는 더욱 진실한 대화가 될지도 모른다.

모든 사람의 존재는 세상의 모든 존재들로 이루어지듯이, 친구의 삶은 나의 삶을 형성하는 한 부분이 되어 나에게 존재하고 있다. 이런저런 생각에 잠긴 채 벤치에 앉아 자판기 캔 커피를 마셨다. 그리고 하늘을 쳐다보았다. 하늘은 아직도 구름 한 점 없이 맑고 파랬다. 커피를 비우고 나서도 한참을 그렇게 앉아 있었다. 그때 하늘에서 친구의 목소리가 들리는 듯하였다.

"내가 보고 싶을 땐 가끔씩 하늘을 쳐다봐."

오늘 내 삶은 아름다웠을까

그래서 늦은 밤 또 기도를 한다.
하루의 잘못을 반성하면
오늘의 죄는 남지 않을지도 모르기 때문이다.
그리고 어쩌면
오늘이 마지막 밤이 될지도 모르기 때문이다.
남길 재산도 없는데 죄만 남기면 안 되기 때문이다.

그래도 또 남은 질문이 있다.
오늘 내 삶은 아름다웠느냐고 물어 본다.
내일 또다시 오늘이 온다면 오늘을 잘 살아야겠다.
필 때나 질 때나 아름다운 동백꽃처럼.

지구는 태양을 돌면서 스스로 자전을 한다. 하루에 한 바퀴. 밤과 낮이 생기고 자연의 법칙에 따라 사람들은 하루의 단위를 만들어 살아왔다. 사람들은 하루를 점차 소중하게 여기게 되었다. 경쟁 사회에서 하루의 집합의 결과는 개인 간에 다양한 차이를 보이게 된다. 부, 명예, 권력에서. 그리고 무엇보다 삶의 많은 순간들이 얼마나 아름다운지. 많은 하루가 모이면 서서히 그 모습을 드러낸다.

오늘이 시작되었다. 아침을 먹고 나면 제법 경건한 의식으로 하루의 문을 연다. 기도를 한다. 오늘을 살아갈 시간과 땅과 하늘과 공기를 주신 창조주와 나를 지탱하게 하는 사랑을 주는 가족에게 감사하는 기도를 한다. 그리고 이 땅 위에서 함께 살아가는 모든 사람들에게도 감사의 기도를 보낸다. 지구의 반대편에 사는 누군지도 모르는 사람일지라도 나는 그들이 만든 옷, 그들이 땀 흘려 수확한 커피, 그들이 잡아 온 생선을 먹으며, 그들의 도움을 받으며, 모든 이들과 서로 보이지 않는 관계를 맺으며 살아가기 때문에 모든 사람들에게 감사해야 한다.

오늘은 성당에서 장례미사가 있다. 그분은 40년 전 사우디아라비아의 뜨거운 사막에서 청춘을 불사르며 가족의 생계를 책임지고 소중한 외화를 벌어들여 나라의 경제에도 보탬을 주었던 건설 노동자였다. 그분은 그곳 머나먼 중동의 나라에서 어렵게 세례를 받고 신을 알게 되었다. 그 열사의 나라, 작열하는 태양 아래에서 그분이 꿈꾸고 소원하던 것은 무엇이었을까. 누군가의 아들로 태어나 누군가의 남편이 되었고 누군가의 아버지가 되어 바친 희생의 삶 속에서 자신의 부족함을 신에게 의지하며 가족을 더 사랑하고, 또 다른 누군가에게 사랑을 베풀기 위해 신에게 기도했을 것이다.

그분은 나 보다 5살 연장자이다. 나와 아주 친밀한 관계는 아니지만 마주칠 때마다 먼저 다가와 웃으며 악수를 청하던 친절하고 쾌활한 분이었다. 술 못 하는 나에게 길에서 만나면 막걸리 한 잔 하자며 손을 잡아끌었다. 몸이 아파 술은 못한다고 하면 안주라도 먹으라고 다시 잡아끌었다. 살아서는 많은 사람에게 웃음을 주었고 이제는 남겨진 사람들에게 웃음이 그대로 남았다. 많은 사람들에게 인정을 베풀었고 인정도 그대로 남았다. 운구차가 떠나가자 떠나간 빈자리에는 아름다운 뒷모습이 남았다.

떠나가는 사람은 뭔가를 남겨놓고 간다. 누군가는 재산을 남기고 그 재산 때문에 불화까지 남기기도 한다. 사람은 모두 각자의 이름을 남기고 간다. 마지막 가는 길에도 이름을 새겨 놓고 사람들을 맞이한다. 그리고 묻혀서도 이름을 새겨 놓는다. 이름이 그 무엇이 길래 죽어서도 버리지 못하는 것일까. 이름은 기억하게 하기 때문일 것이다. 그 사람의 모습과 이루어냈던 일들이 아름답고 보람 있었다고 말하고 싶기 때문일 것이다. 어쩌면 사람은 아름다운 이름 석 자 남기려고 세상에 태어났는지 모른다.

오늘은 4월 첫날인데 기다리던 벚꽃이 피기 시작했다. 누군가는 떠나고 또 누군가는 태어나고, 봄이 오고 꽃이 피어나고 새 생명이 탄생한다. 벚꽃이 많이 피고 있는 공원으로 향했다. 한결 따뜻해진 날씨에 사람들이 공원으로 나와 때 이른 벚꽃을 구경하며 사진을 찍는다. 흐드러진 벚꽃 가로수길을 무표정하게 걷고 있었다. 벚꽃을 매우 좋아하는 아내는 나를 보며 낭만이 없다는 둥, 감정이 메말랐다는 둥 핀잔을 준다. 그러나 나는 오히려 그 반대다. 낭만과 감정이 주체하지 못하여 어찌할 바를 모르기 때문에 그만 덤덤한 척하는 것이다. 분홍 빛깔 작은 꽃잎들이 온통 이 거리 저 거리를 물들이고, 꽃잎이 피는가 하면 동시에 꽃잎이 떨어져 흩날리는 광경을 보노라면 낭만이 넘치는 것인지 감성이 오작동을 일으키는 것인지 오히려 혼란스러워지고 만다.

　벚꽃은 온통 떠들썩한 세상 같다. 정신없이 핑핑 돌아가는 세상에 더 정신을 차릴 수가 없게 만든다. 화려하고 눈에 보이는 것에만 열광하고 눈에 보이지 않는 것은 가치가 없는 세상이다. 말이 많고 겉모양이 번드레한 사람이 눈에 띄고 대우받는 세상이다. 벚꽃처럼. 그래서 나는 싫어하지는 않지만 이래저래 벚꽃에 심란해 진다.

　이른 봄이면 내 고향 백련사 동백숲에 가고 싶다. 지금쯤이면 땅에 떨어진 동백꽃이라도 볼 수 있을는지. 동백꽃은 땅에 떨어져서도 아름답다. 그야말로 뒷모습이 아름다운 꽃이다. 땅바닥에 나뒹굴어도 동백꽃은 결코 그 품위를 잃지 않는다. 화려했던 시절을 떠올리게 한다. 일찍 저버린 꽃잎을 아쉬워하게 하며 진한 그리움을 준다. 필 때나 질 때나 어수선하지 않아서 좋다. 진한 초록색 잎 사이에 핀 빨간 꽃잎은 원색의 진중함을 준다. 이 색 저 색 섞이지 않아 가볍지 않고, 그래서 지조 있는 자태를 뿜어낸다.

화려한 봄날을 준비하는 벚꽃 길에서 동백 타령을 하고 있으니 웬 심술인지 모르겠다. 아무래도 오늘 있었던 장례미사가 자꾸 떠오르기 때문인 것 같다. 화려하지 않아도 인간미 넘치던 그분의 삶의 모습이 자꾸 생각나기 때문인 것 같다.

밤이 오고 잠에 들어야 할 시간이다. 나는 오늘을 잘 살았느냐고 물어야 할 시간이다. 그 대답은 항상 자신이 없다. 그래서 늦은 밤 또 기도를 한다. 하루의 잘못을 반성하면 오늘의 죄는 남지 않을지도 모르기 때문이다. 그리고 어쩌면 오늘이 마지막 밤이 될지도 모르기 때문이다. 남길 재산도 없는데 죄만 남기면 안 되기 때문이다.

그래도 또 남은 질문이 있다. 오늘 내 삶은 아름다웠느냐고 물어 본다. 그러나 스스로 점수를 줄 일은 아니다. 내일 또 다시 오늘이 온다면 오늘을 잘 살아야겠다. 필 때나 질 때나 아름다운 동백꽃처럼.

어따 이 썩을 놈

"쇠죽 쒀서 소 밥 좀 주랑께는 소밥은 안 주고 그라고
자빠졌냐? 어따 이 썩을 놈!"

아마도 밭에 일하러 가면서
집에 있는 순조에게 쇠죽을 쑤라고 했는데 방에
그냥 누워 있었던 모양이다.

얼마 전 시골 고향집에 갔을 때였다. 동네 이장이 확성기로 안내 방송을 하는 소리가 들렸다.

"안내 말씀드리겠습니다. 내일 점심때 우리 마을 순조와 광조 모친인 문○○ 여사님의 팔순 잔치를 집에서 하신다고 하니 주민 여러분은 한 분도 빠짐없이 참석하여 주시면 감사하겠습니다. 다시 한번 안내 말씀 드리겠습니다……."

순조와 광조는 우리 집에서 몇 발자국 떨어지지 않는 가까운 이웃에 살았다. 나보다는 열 살쯤 적었다. 순조 아버지와 우리 아버지는 매우 가깝게 지내던 사이였다. 나는 그분을 맹기 아저씨라고 불렀다. 이름이 명기인데 사람들이 이름을 부를 때는 맹기로 들려서 나도 그렇게 불렀다. 그분의 나이도 우리 아버지보다 열 살쯤 아래였다. 맹기 아저씨는 품성이 어질고 부지런하고 성실하기로 마을에서 알아주는 착실한 농부였다.

우리 아버지는 초등학교 선생을 하면서 논과 밭을 조금 가지고 있어서 학생들을 가르치면서 틈나는 대로 농사일을 하여야 했는데, 농사일이 어려운 아버지가 맹기 아저씨에게 일을 부탁하곤 하였다. 그분은 일을 하면 내 일처럼 꼼꼼하게 잘해 주어서 우리는 항상 마음이 든든하였다. 아버지가 가장 믿고 의지하는 고마운 분이었다. 그런데 나이 50살쯤 평소 건강하던 아저씨가 갑자기 돌아가셨다. 아저씨의 가족은 말할 것 없고 우리 가족들도 망연자실하였다.

순조 어머니 역시 일 밖에는 모르는 전형적인 농부의 아내로서 부지런하고 억척스럽게 살았다. 맹기 아저씨가 돌아가시자 순조네 아주머니는 더욱더 억척스럽게 일했다. 남편이 이른 나이에 자식을 세 명이나 남겨두고 세상을 떴으니 얼마나 앞이 깜깜했을까. 어느 날, 해가 지고 어스름한 저녁 무렵 밭에서 일하고 집으로 돌아온 순조네 아주머니의 날카로운 목소리가 담장 너머로 들려왔다.

  "쇠죽 쒀서 소 밥 좀 주랑께는 소밥은 안 주고 그라고 자빠졌냐? 어따 이 썩을 놈!"
아마도 밭에 일하러 가면서 집에 있는 순조에게 쇠죽을 쑤라고 했는데 방에 그냥 누워 있었던 모양이다. 화가 머리끝까지 난 아주머니는 좀체 목소리를 낮추지 못하고 소리를 질러댔다.

  "오매오매 저 문딩이 같은 놈들 언제 사람이 되까잉, 내가 참말로 못 살것다."
순조, 광조는 아무 말이 없다.

  "저것들을 어따가 써 먹으까잉 참말로."

  나는 시골에서 중학교를 마치자 고등학교부터는 도시로 갔다. 내 뒤를 이어 동생들 모두 도시로 갔다. 학교를 마치고는 모두들 당연한 것처럼 도시에 터를 잡았다. 시골로는 아무도 돌아가려 하지 않았다. 순조, 광조도 도시로 갔다가 다시 시골로 왔다가, 다시 갔다 왔다 하더니 언제부터인가 어머니를 모시고 잘 살고 있다. 아주머니도 지금은 편안해 지셨는지 큰 목소리는 들리지 않는다. 많이 늙으셨으니 목소리 높일 일도 없을 테고 순조, 광조가 열심히 소도 많이 키우고 농사도 잘하고 있는 모양이다.

  16년 전 아버지는 시골집에 어머니를 남겨 두고 세상을 뜨셨다. 어머니는 덩그러니 시골집에 홀로 남았다. 처음에는 어머니가 혼자서도 잘 지내는가 싶었는데 아버지가 돌아가신 지 5, 6년쯤 되었을 때부터 점점 말이 없어지기 시작하였다. 병원에 갔더니 의사는 우울증이라고 하였다. 노인들에게 오는 우울증은 대부분 치매로 발전한다고 한다. 어머니도 그랬다. 뇌 사진에는 신경세포 소실이 진행되고 있었다.

  어머니의 병은 외로움 때문이었을 것이다. 홀로 남겨져 대화할 상대가 없으니 뇌를 사용할 일이 줄어들고 더불어 뇌세포가 활성화되지 않자 세포가 급격히 죽어가고 있었던 것이다. 가까이 살던 동생이 어머니를 자기 집으로 모시고 갔으나 허리를 다치는 바람에 결국 어머니는 광주의 요양병원으로 가시게 되었다. 광주에 사는 동생들은 매일 어머니 면회를 갔다. 반찬을 만들고 과일과 간식을 가지고 가며 정성을 다했다. 그런데 코로나19 사태로 한동안 면회를 할 수 없게 되었고 지금도 여전히 면회가 자유롭지 못하다.

  나는 경기도에서 광주까지 거리가 멀다는 이유로 면회를 자주 가지 않았다. 몸이 자주 아프기 시작하니 면회 가는 일이 더욱 어려워졌다. 왕복 10시간 이상 운전을 하여야 하는데 '그 썩을 놈의 고속도로는 왜 그리도 막히는지!' 나는 차 막히고, 시간 오래 걸리고, 몸 아프다는 핑계로 점차 면회 가는 횟수가 줄어들었다. 어머니는 오랜만에 오는 나를 보면 보자마자 퍽퍽 울어버린다. 그 수많은 날들, 얼마나 보고 싶고 얼마나 외로웠을지 모른다. 울음은 좀처럼 쉽게 그치질 않는다. 마치 어린아이처럼 마냥 울다가는 지쳐서 슬며시 잠이 들어버린다.

아들딸들, 젊은이들은 고향을 버리고 부모를 버리고 너도나도 도시로 도시로 갔다. 남겨진 늙은 부모들은 서로 의지하며 살다가 한쪽이 먼저 세상을 뜨면 물건처럼 덩그러니 그 자리에 남겨진다. 농촌 마을에는 대부분 노인들이고 밭에는 풀이 무성해지고 있었다. 도시로 간 그 젊은이들이 지금 얼마나 잘 살고 있는지 모른다. 나 역시 그 젊은이들의 한 사람이었다. 부모는, 고향은 나를 낳고 키웠는데 나는 그들을 외면하였다. 원대한 꿈을 이룬 것도 아닌데 소중한 사람, 소중한 산과 들과 마을, 그리고 따뜻한 마음들을 잃어버렸다.

순조와 광조는 시골집에서 어머니를 모시고 오순도순 티격태격 정겹게 살고 있다. 어렸을 적 순조네 아주머니는 우리 어머니를 썩 부러워하였다. 우리를 보면서 자식들이 다 착하고 공부도 잘한다고 칭찬하면서 이렇게 한탄하였다.

"썩을 놈의 새끼들이 공부를 못하면 말이라도 잘 들어야제."
그러나 순조네 아주머니는 지금도 우리 어머니를 부러워하고 있을까?

나는 어머니가 눈에 밟혀 팔순 잔치에는 차마 참석할 수가 없었다. 순조, 광조가 아주머니와 함께 오래도록 행복하게 살기를 바라며 고향집을 떠나 서둘러 집으로 돌아왔다.

겨울눈

겨울눈은 또 말한다. 가장 아름다운 꽃은
가장 큰 시련을 간직한 마침내 핀 꽃이다

2월 15일, 겨울의 끝이 보인다. 하지만 최저기온은 아직도 영하 10°를 오르내리고 낮에도 바람 끝이 매서워서 이불처럼 두툼한 옷을 입고 다녀야 하는 여전한 겨울이다. 하루 중 태양이 지구와 가장 가까운 정오가 되자 살갗에 햇볕을 쬐여 비타민을 보충하기 위해 집을 나섰다. 겨울의 짧은 햇볕은 보약이다. 공원 벤치 앞에서 보니 목련 가지마다 새끼손톱처럼 앙증맞은 겨울눈이 한껏 부풀어 올라 봄을 부르고 있었다. 겨울의 끝에서 봄이 꿈틀 거리는 것이 보인다.

겨울눈은 이 추운 계절을 어떻게 보낼까? 길고 지루한 겨울을 나는 겨울눈을 경이로운 눈으로 가만히 들여다본다. 겨울눈은 사람이 옷을 입듯이 얇은 외피를 두르고 있었다. 잎처럼 생긴 그 얇은 외피를 벗기면 속에는 봄에 필 꽃봉오리가 살포시 들어있다. 어떤 것은 봄에 필 새잎이 잠을 자듯 웅크리고 있다. 죽은 듯이 있지만 이들은 겨우 내내 겨울눈을 키우고 있었다. 이제는 크기가 제법 새끼손가락 마디 하나쯤 되어 보인다. 금방이라도 문을 열고 얼굴을 보일 듯싶다. 3월이면 목련은 순백의 드레스를 입은 신부처럼 청순한 자태로 우리 앞으로 걸어 나올 것이다.

봄이면 나무들은 새잎을 피우고 가지들이 자란다. 6월이면 가지와 잎이 제자리를 잡으면 잎이 핀 자리 밑에 다음 해에 필 잎과 꽃을 준비하기 시작한다. 처음에는 아주 작은 좁쌀만한 크기로, 어떤 것은 눈에 잘 보이지 않을 정도로 점이 하나 찍혀있듯이 자리를 잡는 생장점이 있다. 이것을 우리는 겨울눈이라고 부른다. 아마도 겨울이면 모든 잎이 떨어지고 가지들은 앙상한데 점처럼 박힌 조그마한 것들이 가지마다 붙어서 겨울을 보내고 겨울 동안에도 점점 자라나는 모습을 보며 사람들이 겨울눈이라고 부른 것 같다.

　겨울이면 나무들은 가만히 있는 것 같지만 새로운 한 해를 살아낼 힘을 비축하고 있다. 잎을 피우고 새 가지를 하늘로 뻗어 나가게 하고 화려한 꽃을 피우고 열매를 맺기 위하여 인고의 시간을 보내며 미래를 준비하고 있다. 언 땅이 풀리는 새봄이면 나무들은 닫혔던 물관을 열고 뿌리가 빨아드린 물을 가지 끝으로 쉼 없이 올려 보낼 것이다. 가지 끝에 맺힌 잎들은 부지런히 숨을 쉬며 햇빛을 받아 광합성을 하여 탄수화물을 만들어 나무들이 자라게 할 것이다. 나무들은 각자마다 식품공장이 되어 만들어내는 탄수화물은 나무들은 물론 사람과 동물들의 영양분이 되어 생명을 번성하게 할 것이며, 나무들이 숨을 쉬며 만들어내는 산소는 우리가 들이마시고 우리가 내뿜는 독한 이산화탄소는 나무들이 흡수하여 맑은 공기로 되돌려 줄 것이다. 나무들은 혹독한 추위를 견디며 이 모든 준비를 하고 있었다.

　겨울눈은 겨울에 준비한 모든 것을 시작하는 출발점이 된다. 그리고 봄을 알리는 최초의 전령사가 된다. 사람들은 눈에 보이지 않는 곳에서 새롭게 피어나는 잎과 꽃을 보며 '봄'이라고 했는가 보다. 그래서 봄은 많은 것을 볼 수 있고 새롭게 볼 수 있는 보는 계절이다. 사람들은 보기 위하여 너도나도 관광을 떠나고 심지어 '맛'을 보기 위해 여행을 떠나기도 한다. 겨우내 움츠렸던 몸은 여유를 되찾고 생기가 돋아난다. 몸이 활력을 찾으면 상처 나고 아픈 마음도 우울한 내 마음도 치유될 수 있을 것이다. 누군가에게 품었던 차가운 마음도 따뜻한 햇빛에 녹아내릴 것이다. 나는 오랫동안 겨울눈을 바라보며 다가오는 봄을 상상하고 있었다.

이번 겨울은 유난히 암담하였다. 추운 겨울을 꽁꽁 얼어붙게 하는 것은 날씨가 아니라 사람이었다. 사람의 마음처럼 추운 것이 없었다. 전선을 지켜야 하는 군인들이 총을 들고 여의도에 들이닥쳤다. 추운 겨울밤 수많은 사람들이 여의도를 지키려 모여들었다. 그때의 날씨는 매우 추웠지만 사람들의 마음은 따뜻했다. 서로를 격려하며 뜨거운 커피를 나눴다. 그것도 잠시 마음이 갈렸다. 겨울밤을 더 춥게 하는 것은 서로를 향한 날카로운 비방과 억지와 막무가내였다. 상식을 짓밟으며 탈진실의 시대를 향해 용감하게 걸어가는 무리의 모습에서 죽어있는 겨울의 절망을 보았다. 그러나 겨울은 결코 죽어있지 않는다. 겨울을 더 춥고 힘들게 하는 것은 계절이 아니라 사람이다. 사람들이 아무리 춥게 해도 겨울은 봄을 준비하고 있다. 희망을 준비한다. 언 땅을 녹이고, 겨울눈을 열고 우리 앞에 기어코 희망이라는 꽃을 피울 것이다.

공원 한쪽에는 산수유나무가 아직도 작년 가을의 산수유 열매를 달고 있다. 산수유나무의 겨울눈은 작은 붓처럼 생겼다. 자세히 들여다보면 속살이 비치는 것처럼 옅은 노란색이 스며있다. 얇은 외피를 한 꺼풀 벗기면 끈적한 막이 노란 산수유 꽃을 또 한 꺼풀 감싸고 있다. 매서운 추위로부터 연약한 꽃을 보호하기 위한 눈물겨운 노력이다. 그 강한 생명력을 내가 따라 할 수 없다. 이르면 3월 초에 봄을 열고 나올 것이다. 산수유의 작은 겨울눈은 찬바람에 몸을 맡기고 혹독한 시련을 견디며 생명을 키우고 있는데 나는 이 겨울을 탓하며 무엇을 하고 있었는가? 드디어 나의 게으른 겨울 침잠도 끝이 나고 기지개를 켜야 할 것이다. 더 이상 날씨가 춥다는 핑계는 통하지 않을 테니까.

산수유와 목련이 피는 날, 나는 무거운 다리를 끌고 산을 오를 것이다. 뒷동산이라도, 앞동산이라도 좋다. 따뜻한 햇살을 온몸으로 받으며 활력을 되찾고 몸을 단련시킬 것이다. 얼어붙은 내 마음도 녹일 것이다. 누군가를 오래도록 미워했던 마음도 뒤틀린 마음도 풀릴지도 모른다. 겨울눈은 한 없이 내게 말한다. 내게 희망을 이야기한다. 도약하고 창조하는 힘은 고통을 통과하지 않고 얻어질 수 없다고 한다. 나무들이 하늘을 향해 가지를 뻗어 올려 나가는 강한 의지와 생명력을 보라고 한다. 무언가를 지향하고 성장하려는 나무들을 보라고 한다. 겨울눈은 또 말한다. 가장 아름다운 꽃은 가장 큰 시련을 간직한 마침내 핀 꽃이다.

달도 밝은데,
아버지 어머니는 어디로 갔을까

"오매, 느그들이 뭔 일이다냐!?"
"뭔 일은 뭔 일이에요. 무서워서 아버지 어머니
찾으러 왔지요."

비록 어린아이들을 남겨두고 몰래 한 사랑이지만
그 사랑은 지금도 내 기억에 지워지지 않고 남아있는
가장 아름다운 사랑의 모습이다.

초등학교 2학년 때인지 3학년 때인지 확실하지는 않은데 지금도 어느 여름날 밤의 기억이 아직도 생생히 남아있다. 잠을 자다가 어렴풋이 들리는 소리에 잠을 깼다. 부엌에서 '달그락 달그락' 하는 소리가 들렸다. 어린 시절, 그때는 시계라는 것은 간혹 부잣집에나 있는 물건이어서 가난한 우리 집에는 시계가 없었다. 그 당시에는 대부분 그랬다. TV도 라디오도 거의 없던 시절이었다. 시계가 없으니 지금이 몇 시쯤인지 초저녁인지 한밤중인지 새벽인지 알 수가 없었다.

그런데 정말 이상한 것은 방 안을 살펴보니 아버지 어머니가 옆에 없었다. 우리는 단칸방에서 아버지 어머니 그리고 나와 여동생 네 명이 함께 살았다. 내 옆에는 여동생만 자고 있었다. 분명히 처음 잘 때는 다 함께 잠을 잤는데 왜 이 밤중에 아버지 어머니는 없는 것일까? 더군다나 부엌에서는 계속 '달그락' 거리는 소리가 나고 있었다. 아버지 어머니가 함께 부엌에 있을 리는 없다고 생각되었고 어린 나이이지만 예감에 도둑이 든 것이 틀림없었다. 나는 두려움에 몸이 얼어붙은 채 이불속으로 들어가 숨을 죽이고 있었다. '도둑이 금방이라도 방 안으로 들어오면 어떻게 하지?' 궁리를 해보지만 방법이 나올 리가 없었다. 다행히 부엌에서 나는 '달그락' 소리는 한참이나 계속된 후에 조용해졌다. 아마도 도둑이 볼일을 다 보고 돌아간 듯싶었다.

나는 정신을 차리고 곰곰이 생각해 보았다. 아버지와 어머니는 지금 어디 계실까? 지금 이 시간에 무엇을 하길래 자고 있는 우리만 남겨두고 한밤중에 집을 나갔을까? 한참을 이런 생각 저런 생각을 하고 있을 때였다. 멀리에서 마이크로 크게 떠드는 소리가 들렸다. '아하! 그렇구나. 지금 영화 상영을 하는구나.' 드디어 답이 풀리는 느낌이 들었다.

오늘 낮이었다. 영화를 상영한다는 광고방송 차량이 마을을 돌아다니며 스피커로 방송을 하였다. "안녕하십니까. 주민 여러분을 모시고 오늘 밤 8시 초등학교 뒤 공터에서 영화 상영이 있사오니 많이 많이 관람해 주기 바랍니다. 시네마스코프 총 천연색 눈물 없이는 볼 수 없는 영화 '신영균' 주연 '빨간 마후라' '빨간 마후라'를 오늘 저녁 8시 초등학교 뒤 공터에서 상영할 예정이오니 손에 손을 잡고 많이 많이 나오시기 바랍니다." 아버지 어머니는 우리를 두고 두 분이서 살짝 영화를 보러 간 것이 틀림없었다.

나는 자고 있는 동생을 깨워서 밖으로 나왔다. 부엌에는 들었던 도둑이 나가고 조용하였다. 마당으로 나오니 마침 하늘에는 둥근 보름달이 떠 있었다. 동생 손을 잡고 대낮 같은 동네를 빠져나와 영화를 상영하고 있는 곳으로 향했다. 보름달이 떠 있어서일까, 아니면 아버지 어머니가 그곳에 있다는 희망 때문일까, 조금도 무섭지도 않고 오히려 신나는 일이라도 있는 듯이 씩씩하게 밤길을 걸어갔다.

우리 집은 초등학교의 정문 앞에 있어서 학교 담장을 끼고 500미터 정도 걸어가면 공터가 나오고 그곳에 천막을 친 1일

가설극장이 있었다. 우리가 도착하니 천막은 이미 걷혀 있었다. 영화가 거의 끝나가고 있었기 때문에 미리 천막을 거두고 표 없는 사람도 아무나 들어갈 수 있도록 하였다. 텅 빈 야외 공간에 하늘을 배경으로 한 하얀 스크린은 사방 모서리에 튼튼한 끈을 묶고 기다란 기둥에 고정시킨 채, 영화는 클라이맥스를 향하고 있었다.

주연배우 신영균이 빨간 마후라를 목에 두르고 공중 비행을 하면서 적의 비행기를 향해 총탄을 퍼붓고 있었다. "빨간 마후라는 하늘에 사나이 하늘에 사나이는 빨간 마후라, 빨간 마후라를 목에 두르고 하늘 따라 흐른다 나도 흐른다." 그 옛날 60년대 유명한 '빨간 마후라'의 영화 OST(original sound track)가 흐르고 있었다.

아버지와 어머니가 스크린 앞 쪽에 나란히 앉아 있는 모습이 보였다. 달도 밝은데, 달 아래 오붓하게 앉아서 두 분은 낭만적인 데이트를 하고 있었다. 집에는 도둑이 들고 아이들은 공포에 떨며 아버지 어머니의 묘연한 행방에 애태우고 있었던 상황과는 너무나 동떨어진 평화롭고 다정한 모습이었다. 일순 분위기를 깨우고 말았다. 나와 동생이 눈앞에 떡하니 나타나자 눈을 휘둥그레 뜨면서 놀라서 어리둥절하였다. 어머니가 말하였다. "오매, 느그들이 뭔 일이다냐!?" '뭔 일은 뭔 일이에요. 무서워서 아버지 어머니 찾으러 왔지요.' 나는 속으로만 말했다. 우리는 이제 완전체로 영화를 보았다. 몇 분 남지 않은 영화였지만 나는 그때 본 '빨간 마후라'가 내가 본 최초의 영화였다.

집으로 돌아오는 길, 달빛이 흐드러지게 빛나고 있었다. 우리 네 식구는 함께 손을 잡고 걸었다. 나와 동생은 아버지 어머니와 맞잡은 손을 심하게 흔들며 조금이라도 더 행복을 느껴보려고 애썼다. 아버지 어머니도 조금은 미안한 마음으로, 그러나 모처럼 활짝 웃으며 행복해하였다. 지금 생각해보면 그때 그 시절이 참으로 행복하고 아름다운 시절이었다.

6·25 한국전쟁이 끝난 지 10년이 조금 지난 1960년대, 아버지가 초등학교 교사로 임용된 지 몇 년이 지나지 않은 때였다. 집은 단칸방이고 가전제품 하나 없고 세간이라고 해보아야 가구도 없이 이불, 옷, 그릇, 항아리 등 살림살이에 꼭 필요한 것들만 있었던 것으로 기억된다. 그래도 불행이라는 것을 쉽게 떠올리려 하지는 않았던 시절이었다. 왜냐하면 모두가 함께 어려웠고 그래서 모두 함께 도우며 살아야 했기 때문이다.

60년 전 우리 집에 들어와 부엌에서 음식만 먹고 조용히 돌아간 그 도둑을 지금도 잊을 수 없다. 그 도둑은 분명 알고 있었을 것이다. 어른들은 영화를 보러 가고 아이들만 집에 남아 잠을 자고 있다는 것을. 신발을 보면 알 수 있고 방문도 열어 보았을 수도 있다. 그 도둑은 고픈 배만 채우고 더 이상 피해를 주지 않고 조용히 돌아갔다.

나는 이 도둑이 참으로 고맙다. 그리고 그때 아버지 어머니의 달빛아래에서의 데이트를 끝까지 지켜주지 못하고 방해해서 미안한 마음이 든다. 고단하고 팍팍했던 시절, 비록 어린아이들을 남겨두고 몰래 한 사랑이지만 그 사랑은 지금도 내 기억에 지워지지 않고 남아있는 가장 아름다운 사랑의 모습이다. 또한 그 사랑이 있었기에 우리들이 태어나고 자라고 이렇게 추억하고 있다.

플라타너스의 꿈

"플라타너스
나는 너를 지켜 오직 이웃이 되고 싶을 뿐
그곳은 아름다운 별과 나의 사랑하는 창이 열린 길이다."
— 김현승, 「플라타너스」

나에게는 꿈과 낭만과 추억을 품고 있는
플라타너스이다.
나는 플라타너스와 이웃이 되고 싶어 창문을 열고
매일 존재를 확인하고,
푸르고 원대한 꿈을 함께 꾸고 싶다.
그곳은 아름다운 별과 나의 사랑하는 창이 열린
길이니, 나는 오늘도 플라타너스에게로 간다.
나는 여전히 꿈을 꾸고 있기 때문이다.

"꿈을 아느냐 네게 물으면, / 플라타너스 / 너의 머리는 어느덧 파아란 하늘에 젖어 있다."

플라타너스 하면 맨 먼저 떠오르는 것은 '꿈'이다. 아마 김현승 시인의 '플라타너스' 때문일 것이다. 시인이 플라타너스를 꿈으로 해석하자 플라타너스는 우리에게 꿈이 되었다. 높다란 곳에 넓은 팔을 벌리고 서있는 늠름한 자태를 보면 플라타너스는 마치 꿈을 꾸고 있는 것처럼 보인다. 마치 나에게 큰 꿈을 꾸라고 말하고 있는 것 같다.

우리 집 베란다에서 보면 공원 동산의 높은 자리에 플라타너스 두 그루가 아름드리 팔을 벌리고 우뚝 서 있다. 푸른 하늘을 배경으로 가느다란 가지들이 수없이 뻗어 나간다. 가지들은 서로서로 공간을 나누며 사이좋게 하늘을 차지한다. 가지들은 저 혼자만 숨 쉬려 하지 않는다. 저 혼자만 태양 빛을 보려고도 하지 않는다. 협력하고 경쟁하듯 위로 옆으로 품을 넓힌다. 원대한 그 무언가를 품고서.

시골에서 초등학교, 중학교를 다닐 때 학교 운동장 한쪽에는 플라타너스 숲이 있었다. 여름이면 그 숲에서 자연학습을 하였다. 잎이 큰 플라타너스는 시원한 그늘을 드리웠고 바람이 불면 잎들이 서로 소근대듯 살랑거렸다. 수업이 끝나서도 이 숲에서는 재미있는 일들이 많았다. 흙장난, 구슬치기, 딱지치기를 하며 놀고 개미와 곤충과 같이 놀았다. 어린 시절 그곳에서 무슨 꿈을 꾸었는지는 알 수 없으나 그 꿈은 푸르고 푸른 꿈이었음이 확실하다.

아내는 지금도 가끔 그때의 추억을 회상하곤 한다. 아내는 중학교를 다닐 때 면소재지에서 친구들과 자취를 하였다. 집과 학교 거리가 20리 길이라서 매일 통학은 어려웠기 때문이다. 일주일 분 생활비를 받아와서 주말에 다시 집에 돌아가곤 하는데 밥 지을 땔감으로 사야 하는 마른 소나무 잎 한 둥치 값으로 찐빵을 사 먹어 버렸다. 땔감이 없자 자취방 옆에 있는 초등학교 플라타너스 나무 잎을 주어와 밥을 했는데 화력이 좋지 않은 나뭇잎 때문에 밥이 익지 않아 며칠 동안 설익은 밥을 먹고 지냈다고 한다.

아내에게는 플라타너스는 추억이다. 아내는 플라타너스를 보면서 아름답고도 아련한 학창 시절의 친구들을 떠올리며 회상에 잠긴다. 어쩌면 추억과 꿈은 서로 연결되어 있는지도 모른다. 추억을 떠올리며 꿈을 키워왔을 것이다. 꿈을 키우는데 추억은 그 자양분이 되고 추억은 또 그리움으로 남는다. 그 옛날 플라타너스 아래 그 소녀들의 꿈은 지금 어떻게 자랐을까? 꿈은 자라서 개인의 삶이 되고, 그 삶들이 모여서 이 사회를 만들어 가고 있을 것이다.

봄이 무르익는 4월이 되자 플라타너스는 가지마다 푸른 잎을 내밀고 하루가 다르게 짙어져 간다. 높이가 30m에 이르는 나무 꼭대기까지 뿌리는 땅 속에서 물을 빨아올려 보낸다. 가지 끝 잎들은 숨을 쉬고 햇볕을 받아들여 광합성으로 부지런히 영양소를 만들어 곳곳으로 보낸다. 새 가지들이 한 뼘씩 더 높이 뻗어나가면 저 높은 하늘까지 꿈이 닿으려나. 플라타너스는 얼마나 큰 꿈을 꾸고 있을까.

　플라타너스 나무 아래 벤치에 앉았다. 별 모양을 한 커다란 잎들 사이로 빗살처럼 햇빛이 내려온다. 4월의 햇살은 부드럽다. 그 옛날 어렸을 적 큰 키에 가슴이 넓은 할아버지의 품처럼 플라타너스의 넓은 품에 안기면 한없이 평화로워 진다. 벤치에 앉아 핸드폰을 켜고 음악을 듣고, 휴식을 취하고, 과거를 돌아보기도 하고, 꿈을 꾸며 미래를 여행하기도 한다.

　플라타너스 나무로 많은 생명체들이 모여든다. 개미들은 끊임없이 줄기를 타고 오르내리고, 쐐기벌레들은 잎을 갉아먹으며 여름을 난다. 새들은 높은 가지 꼭대기에서 세상을 내려다보며 쉬었다 간다. 사람들은 나무 아래에서 쉬고, 운동을 하고, 아름드리 밑동에 등을 부딪쳐 보기도 하고 안아보며 거대한 나무를 경외하듯 고개를 들고 쳐다본다.

　플라타너스는 방울 모양의 열매를 맺는다. 탁구공만큼 커지는 열매를 보며 사람들은 이 나무를 '방울나무'라고 부르기도 한다. 열매는 자손을 번식시키기 위하여 스스로 털 달린 꽃가루를 바람에 날려 보낸다. 그러나 사람들은 꽃가루가 알레르기를 일으킨다며 언제부터인가 이 나무들을 슬금슬금 베어내기 시작했다. 예전에는 가로수로 많이 볼 수 있었지만 지금은 드물고 학교에서도 잘 심지 않는다. 꽃가루가 극성인 봄이면 사람에게는 잠시나마 귀찮은 존재가 되기는 하지만 사람들이 만들어내는 미세먼지만큼이나 할까. 이제는 플라타너스 나무를 보기도 쉽지 않다. 꿈을 꾸는 플라타너스가 사라지면 우리들의 꿈까지 사라질까 걱정이다.

2천5백 년 전 그리스의 히포크라테스는 플라타너스 나무 아래에서 제자들에게 의술을 가르쳤다고 한다. 플라타너스는 최초의 학교이자 교실이었던 셈이다. 학교에 이 나무를 심는 것은 이런 이유 때문이었을 것이다. 그리스에는 2천5백 년 된 '히포크라테스 나무'가 지금도 있다고 한다.

"플라타너스 / 나는 너를 지켜 오직 이웃이 되고 싶을 뿐 / 그곳은 아름다운 별과 나의 사랑하는 창이 열린 길이다."

나에게는 꿈과 낭만과 추억을 품고 있는 플라타너스이다. 나는 플라타너스와 이웃이 되고 싶어 창문을 열고 매일 존재를 확인하고, 푸르고 원대한 꿈을 함께 꾸고 싶다. 그곳은 아름다운 별과 나의 사랑하는 창이 열린 길이니, 나는 오늘도 플라타너스에게로 간다. 나는 여전히 꿈을 꾸고 있기 때문이다.

다시 5월을 본다

5월은 여전히 같은 색깔로 오고,
또한 같은 기억을 떠올리게 한다.
바람에 날리는 아카시아 꽃잎 위로 스러져간 많은
얼굴들이 어른거리고,
산을 뒤덮을 듯 핀 아카시아 꽃의 진한 향기가
창문을 넘어 코를 찌른다.
마치 그날의 피 냄새 같이.

5월이 다 끝나갈 무렵, 아픈 기억을 깨우는 단어가 TV 자막에 흘렀다. 경찰이 농성 중인 노동자를 곤봉으로 내리쳐서 머리가 깨지고 피투성이가 되었다는 것이다. 나에게는 '곤봉'이라는 낯설지 않은 단어에 갑자기 소름이 돋는 것을 느꼈다. 누군가에게는 생소하고 무심할지도 모르지만 오랫동안 잊고 살았던 곤봉이 내 기억의 시곗바늘을 43년 전으로 되돌려 버렸다.

1980년 5월 18일, 육군 병장으로 군복무를 마치고 광주에서 학원을 다니고 있었다. 학원은 광주 도심 한복판인 금남로에 있었고 전남도청 앞 광장에서 불과 100여 미터 떨어진 곳에 있었다. 그날은 일요일이었다. 학원이 쉬는 날인데도 불구하고 공부에 늦바람이 난 것인지 자습을 하기 위해 학원에 가서 공부를 하고 있었다.

오전 10시쯤이었다. 가장 시끄러운 도심인 그곳에 갑자기 이상한 정적이 감도는 것을 느꼈다. 무심코 누군가 창문을 열고 밖을 내다보았다. 그리고 눈동자들과 마주쳤다. 상대편 눈동자가 눈을 이글거리며 소리쳤다. "저기다!" 그들은 일명 공수부대원들이었다. 순식간에 군홧발이 4층 건물을 점령하였다. 진압 군인들은 100여 명의 학생들에게 두 손을 머리에 올리고 좁은 계단을 통해 건물 밖으로 나가도록 명령하였다.

그들은 계단 양쪽에서 박달나무로 만든 곤봉(진압봉)을 들고 서서 계단을 내려오는 학생들을 곤봉으로 내리쳤다. 머리를 맞은 학생은 바로 머리가 깨지고 피가 터졌다. 하필이면 왜 머리를 내리칠까? 나는 그들이 의도적으로 머리를 조준하지는 않았을 것이라고 믿었다. 그때까지만 해도 군인들에 대한 선의를 가지고 있었다. 나는 등을 맞았다. 동물적인 감각으로 머리를 피했다. 군대에서 제대한 지 불과 한 달밖에 되지 않았으니 아직 군기가 살아 있었던 것이다. 그들은 내가 며칠 전까지만 해도 선배인지도 모르고 무차별 곤봉을 휘둘렀다.

좁은 계단을 내려와 한 사람씩 1층 현관에 도착하였다. 눈앞 도로에는 희한한 광경이 펼쳐지고 있었다. 도로에는 건물에서 나오는 사람들을 엎드리게 하고 그 위로 사람을 계속 포개어 사람으로 조그마한 언덕이 만들어져 있었다. 나도 그 위로 포개어지고 또 누군가가 나를 포개었다. 100여 명이 많은 언덕이 완성되자 그들은 금남로의 대로 한복판으로 우리를 데리고 갔다. 그곳에서는 더 많은 사람들이 있었고 군인들은 총을 어깨에 메고 곤봉을 휘두르고 있었다. 이곳저곳에서 곤봉에 맞아 피가 터지고 비명소리가 났다. 우리들은 난데없이 군대에서 지긋지긋하게 했던 얼차려를 받았다. '앞으로 취침 뒤로 취침 좌로 굴러 우로 굴러', 그리고 철조망 없는 아스팔트 위에서 '철조망 통과'도 했다. 조금이라도 이상한 행동을 보이면 가차 없이 곤봉이 날아들었다. 이번에도 머리를 맞고 많은 사람들이 피투성이가 되었다. 내가 기억하는 5.18 광주민주화항쟁의 서막은 이렇게 시작되었다.

나는 너무나도 어이가 없어 이 와중에서도 나도 모르게 웃음이 새어 나왔다. 군 복무를 마친 것이 채 두 달이 되지 않은 데 또다시 그것도 광주의 도심 한복판 금남로 대로에서 이렇게 어처구니없는 얼차려를 받게 될 줄이야! 내가 한 것이라고는 군복무를 성실히 마치고 조용히 공부하고 있었던 것 밖에 없는데, 적과 싸워야 하는 군대가 그중에서도 가장 훈련이 잘 돼 있다는 공수부대원들이 완전무장을 하고서 시위를 한 적도 없는 선량하고 아무런 대항력도 없는 시민들에게 무자비한 폭력을 휘두를 줄이야. 그 누가 상상이나 할 수 있었을까? 그날은 시위도 없는 일요일의 평온한 오전 시간, 오고 가는 사람도 뜸한 한가롭고 여유로운 휴일 오전이었다. 매일 이어지던 집회와 시위도 질서를 지켰었고, 높은 시민의식에 자부심을 가지고 있었다. 하루아침에 상식이 무너져 버렸다. 사람이 사회를 믿는 것은 상식을 믿기 때문이 아닐까.

우리는 광주 외곽의 군부대로 이송되었다. 4면이 개방되고 지붕만 있는 4각 텐트에 움직일 공간이 전혀 없이 앞, 뒤, 옆 사람과 밀착한 채로 밤낮을 종일 앉은 채로 꼼짝없이 구금되어 있었다. 총칼을 든 군인들이 텐트를 둘러싸고 감시하고 있었고, 우리는 두려움과 불안에 떨며 3박 4일을 보냈다.

4일째 되는 날 아침밥으로 주먹밥 달랑 한 개가 나왔다. 그날이 바로 24번째 내 생일이었다. 3일 동안 주먹밥을 먹었으니 별 다를 것도 없지만 생일날 아침 주먹밥을 먹으리라고 또 어찌 상상이나 했을까. 우리는 이유 없는 무자비한 구타와 집요한 심문은 받고서야 시위에 참가한 정도에 따라 등급이 매

겨지고 석방과 구금으로 갈렸다. 나는 생일날 석방 판결을 받고 귀가 명령을 받았다. 부대의 사령관은 시내에는 많은 위험이 따르니 조심하여 집에 돌아가라며 걱정해 주었다. 군인이라고 다 우리를 해치거나 위험한 사람 취급을 하지는 않는다. 당연히 국민을 보호하는 것이 그들의 임무이고 나 또한 그랬었다. 그런데 군 사령관이 우리의 신변을 걱정해 주는 것이 오히려 낯설어지는 얼토당토아니한 현실을 보고 있었다.

부대 정문을 나서니 눈앞에는 5월의 푸르름과 순백의 아카시아 꽃이 펼쳐져 있었다. 내가 좋아하는 아카시아 꽃이다. 내가 태어날 때도 피어 있었으며 생일 때면 만발한 아카시아 꽃이 꽃다발을 대신해 주었던 바로 그 꽃이다. 진한 향기가 봄바람을 타고 온몸으로 스며들었다. 부대를 나와 아카시아 숲길을 지나 광주의 시내를 향해 걸었다

막상 석방은 되었지만 집으로 돌아오는 길은 멀고도 험난했다. 군인들이 우리를 발견하면 사격을 가해 올 것이라는 생각에 두려웠다. 모든 교통수단은 마비된 상태였고, 더욱 절망적인 것은 부대와 집은 도시 반대쪽 외곽에 서로 자리하고 있어서 하루 종일 걸어도 갈 수 있을지 가늠할 수가 없었다. 우리는 가는 방향이 같은 사람들끼리 몇 명씩 모여서 조심스럽게 이동을 하였다. 다행히 시내는 생각했던 것 보다 평온하였다. 그러나 그때의 평온이라는 단어는 죽음이라는 절박한 위험으로부터 조금 안도할 수 있다는 뜻일 뿐이었다. 시내에 접어들자 군인들은 보이지 않고 시민들만 보였다. 우리가 구금

되어 있던 4일 동안 군인들은 총칼을 사용하여 시민들을 무차별적으로 진압하고 수많은 사상자가 발생하였고, 이에 시민들의 거센 반발로 군인들은 시의 외곽으로 병력을 이동한 상태였다. 그러나 언제 어디에서 총알이 날아올지 알 수 없었다.

　시민들은 버스를 타고 다니며 지나가는 우리에게 버스에 타라고 하였다. 시위에 동참을 하라는 것이었지만 선뜻 용기가 나지 않아 망설였다. 나는 애써 웃어 보이며 잠깐 버스에서 내렸다고 말했다. 거리 곳곳에는 아주머니들이 주먹밥이며 음료수를 놓고 버스에 탄 사람들에게 나누어 주고 있었고, 지나가는 우리들에게도 고생한다며 주먹밥을 건넸다. 우리는 주먹밥으로 허기를 채우며 계속 걸었다. 땅거미가 질 무렵 겨우 집에 도착했다. 4일 만에 집에 도착하니 시골에서 아버지와 어머니가 올라와 있었다. 아버지는 내가 죽은 줄로만 알고 도청 앞에 임시 안장된 시신들을 확인하고 다녔다고 했다. 죽었다고 생각한 아들이 홀연히 나타난 것이다.

　나는 긴 잠에 빠졌다. 얼마나 잤을까, 깨고 또 자기를 반복했다. 아버지는 시골로 돌아갔고, 나는 광주에 남았다. 내가 남은 이유는 시골로 돌아가는 길이 위험했기 때문에 아버지가 나를 남겨 두었다. 집으로 돌아오고 7일쯤 지났을까? 멀리 시내에서 요란한 총소리가 들렸다. 마지막까지 도청에 남아있던 시민군은 이렇게 진압되었다. 떨어지는 꽃잎처럼 스러져간 수많은 젊은이들, 그중에는 앳된 고등학생도 있었다. 이들은 소중한 생명을 누구를 위하여, 그 무엇을 위하여 바친 것인가. 누군가는 민주주의를 외치고, 누군가는 자유를 외치지만, 민중들은 거창한 구호가 아니더라도 그들이 믿고 있던 상식이 통하지 않는 권력에 분노한 것이다.

민주화 항쟁은 이 총소리와 함께 끝이 났다. 시민군은 패했다. 나는 시민군과 함께 하지 못했다. "행동하지 않는 양심은 결국 악의 편이다." 이 말은 두고두고 못이 되어 아프다. 나는 악의 편이었는가? 그렇다, 나는 악의 편이었을 것이다. 적어도 내 양심은 그렇게 말하고 있었다.

나는 집 밖으로 한 발자국도 나가지 못하고 한 달을 지냈다. 한 달이 지난 뒤 시골집으로 돌아왔다. 나는 아버지께 말했다. 시골에서 조용히 농사를 짓겠다고 했다. 아버지는 아무 말이 없었다. 나는 도시로 갈 수 없을 것이라고 생각했다. 가고 싶지 않았다. 해가 바뀌고 다시 5월이 왔다. 아카시아 꽃은 내 마음을 아는지 모르는지 무심히 피고 졌다. 나는 마음을 가다듬고 도시로 갔다. 그러나 이번에는 광주가 아니었다. 광주는 차마 갈 수가 없었다.

광주의 5월 이후, 43년이 흐르고 다시 5월을 본다. 베란다에서 내려다본 공원은 초록빛 싱그러움이 가득하다. 연두색 어린잎에서 짙푸른 잎까지 다양한 푸르름으로 가득한 숲의 사이사이로 순백의 아카시아 꽃이 녹음을 압도하듯 피었다. 5월은 여전히 같은 색깔로 오고, 또한 같은 기억을 떠올리게 한다. 바람에 날리는 아카시아 꽃잎 위로 스러져간 많은 얼굴들이 어른거리고, 산을 뒤덮을 듯 핀 아카시아 꽃의 진한 향기가 창문을 넘어 코를 찌른다. 마치 그날의 피 냄새 같이. 아카시아 꽃향기는 언제나 5월을 아프게 한다. 그러나 이제는 다른 5월을 보고 싶다. 여전히 분노하게 하고 아프게 하는 5월이지만 새로운 5월을 보고 싶다. 양심과 자유, 정의와 생명, 그리고 미안함과 감사함이 있는 5월이 보고 싶다.

매미

독일 시인 라이너 쿤체의 시 구절이 떠오른다.
"얼마나 많은 나무들이 베어졌던가
얼마나 많은 뿌리들이 뽑혔던가
우리들 마음속에서"

나무 한 그루, 매미 한 마리,
발밑에 기어 다니는 하찮은 곤충 한 마리에도
연민을 느끼는 아이들의 그 마음이 얼마나 아름다운가.

이른 아침 매미들이 단잠을 깨운다. 본격적으로 무더운 여름이 시작되었다는 것을 알리기라도 하려는 듯이 때를 맞춰 매미들의 합창 소리가 우렁차다. 우리 집이 공원 숲과 가까이 있다 보니 매미와 새들의 울음소리가 집안으로까지 울려 퍼진다. 특히 동트기 전 새벽녘에는 새소리와 매미 소리가 더 우렁차게 들린다. 대개의 매미는 빛을 좋아하지만 어둠을 좋아하는 매미 종(種)이 있다고 한다. 이 매미 종(種)이 어둠이 아직 가시지 않은 새벽과 저녁 무렵에 울어 대는 모양이다.

매미의 울음소리는 다 같은 것 같지만 종류별로 소리가 다양하다. 가장 많이 듣는 친숙한 참매미의 울음소리는 "맴맴맴맴 매애~앰" 하고 운다. "찌르르르르르르~" 하고 우는 소리도 꽤 들린다. 매미의 종류는 전 세계적으로 수 천종이나 되고 우리나라에도 열 가지가 넘는 종류가 있다고 하며 종류마다 울음소리가 다르다고 한다. 그래서 자세히 들어보면 같은 것 같으면서도 소리가 조금씩 다르고 여러 마리가 우는 시작과 끝이 다르고 음의 높낮이가 달라지면 마치 화음이 섞여 합창단이 노래를 부르는 것 같다. 매미들은 한여름 무더위가 기승을 부릴 때면 더욱 목청껏 노래를 부른다. 땅 속에 있던 매미들이 허물을 벗고 모두 나무 위로 올라오기 때문에 소리는 더욱 커진다. 또한 매미들이 짧은 생을 마치기 전에 짝짓기를 해야 하므로 더욱더 극성스럽게 울어대는 것 같다.

여름방학을 맞아 손자와 손녀가 집에 왔다. 내가 어릴 때 방학이면 제일 좋아하는 것이 할아버지, 할머니 댁에 가는 것이었다. 외할아버지 댁에 가면, 외할머니는 좋아하는 계란찜과 김과 깨소금 반찬을 해주었고, 나는 맛있는 것을 먹으며 방학 한 달 동안 마음껏 뛰어놀 수 있었다. 내 인생의 가장 아름다운 시기는 그때의 유년시절이었다. 지금의 손자, 손녀가 딱 그때의 여섯 살, 아홉 살 시절이다. 세대가 두 번, 세 번 바뀌고 모든 것이 변한 지금 이들이 할아버지, 할머니를 그때의 나처럼 따르고 좋아해 줄지 알 수 없다. 그래서 할아버지, 할머니가 내게 했던 것처럼 재미있고 오래 기억에 남을 일을 경험하게 해주고 싶어 내가 들은 많은 이야기와 놀이와 사랑을 전해주려고 노력을 한다. 그중에 한 가지가 여름이면 집 앞 공원 숲으로 가 매미를 잡는 것이다.

다행히 아이들은 매미 잡는 것을 재미있어한다. 매미들은 주로 오래된 벚나무에 많이 있는 것을 알게 되었다. 오래된 벚나무는 줄기에 나무 진액이 흘러나오기 때문에 그것을 빨아먹기 위하여 벚나무로 몰려든다. 산책로 양 옆으로 줄지어 서 있는 벚나무에 매미들이 붙어서 소리 내어 울고 있으면 손바닥으로 덮쳐 쉽게 잡을 수 있다. 아이들은 매미들이 무서운지, 매미들에게 미안해서인지 망설이면서도 곧잘 잡는다. 우리는 한 사람이 두세 마리의 매미를 잡으면 매미를 관찰하다가 다시 살려주고 몇 마리는 집으로 가지고 와서 아파트 베란다 방충망에 붙여 놓고 하룻밤을 지내고 나서 다시 공중으로 날려 숲으로 돌려보낸다.

올해 여름에는 오빠인 큰 아이가 매미 잡는 것에 별로 관심이 없어한다. 동생은 자꾸 매미를 잡으러 가자고 하고 결국 성화에 못 이겨 공원으로 갔다. 6살 동생은 매미를 익숙하게 손으로 잡는다. 그러나 9살 오빠는 매미 잡는 것을 주저한다. 한 마리도 잡지 않은 오빠를 동생이 놀린다.

"오빠는 매미가 그렇게 무서워, 한 마리도 못 잡았잖아."
동생은 자꾸 신이 나서 오빠를 놀리고 오빠는 슬슬 화가 나는 모양이다. 그러나 큰 아이는 재빨리 매미를 손바닥으로 덮쳐야 하는데 매미가 다칠까 봐서인지 힘 있게 덮치질 못하고 매번 매미를 놓친다. 옆에서 보고 있던 내가 안타까운 나머지 큰 아이를 대신하여 변명을 해준다.

"오빠는 매미가 다칠까 봐 조심해서 그러는 거야."
작년까지만 해도 매미 잡는 것을 좋아하던 큰 아이인데 이제는 매미에 대해 다른 생각을 가지게 되었나 보다.

우리는 매미 잡는 것을 멈추고, 바람이 잘 통하는 나무 그늘 아래 벤치에 앉았다. 내가 큰 아이에게 물어보았다.

"매미는 태어나서 얼마나 살아?"
큰아이가 자신 있게 말한다.

"보통 한 달 정도 살아요. 그런데 그보다 더 일찍 죽는 애들도 있대요."

"그래! 매미는 7일밖에 못 사는 거 아니야?"

"아니에요, 책에서 읽었는데 한 달 정도 산다고 했어요."

"그럼 땅 속에서는 얼마나 살아?"
큰 아이는 또다시 자신 있게 말한다.

"땅 속에서는 7년 정도 사는데 그보다 더 오래 사는 매미도 있대요. 미국 매미는 17년을 산대요."
큰아이는 매미의 모든 것을 이미 다 알고 있었다. 큰아이가 매미를 잡지 않는 것은 비록 곤충일지라도 하나의 생명체로써 소중한 존재라는 것을 어렴풋이 느끼고 있기 때문이었다.

언젠가 읽었던 적이 있는 독일 시인 라이너 쿤체의 시 구절이 떠오른다.
"얼마나 많은 나무들이 베어졌던가 / 얼마나 많은 뿌리들이 뽑혔던가 / 우리들 마음속에서"
나무 한 그루, 매미 한 마리, 발밑에 기어 다니는 하찮은 곤충 한 마리에도 연민을 느끼는 아이들의 그 마음이 얼마나 아름다운가.

아이들은 매미보다 풍뎅이를 발견하면 무슨 경사라도 난 것처럼 좋아한다. 요즈음은 풍뎅이가 매우 귀한 곤충이 되었다. 내 어린 시절에 풍뎅이는 흔하디 흔한 곤충이었는데 지금은 풍뎅이 얼굴 한 번 보는 것이 하늘의 별 따기이다. 올해에는 풍뎅이 모습을 한 번도 볼 수 없었다. 결국 아이들 아빠가 풍뎅이 대신 사슴벌레를 분양받아 주어 키우고 있다.

이제는 아이들이 매미 잡는 것을 더 이상 좋아하지 않을 듯싶다. 아이들도 자연에서 하나하나의 생명들을 알아가고 곤충들도 사람들과 함께 살아가는 소중한 존재들이라는 것을 느끼고 있는 것으로 보인다. 자연에 대한 아름다운 마음과 사랑이 깃든 마음을 키워가는 아이들이 대견하고 사랑스럽다.

좋은 일

파란 하늘에 파란 마음으로 살아가면 좋을 텐데
짙은 회색빛으로 덮은 하늘만큼 마음도 어둡다.
어렵고 힘든 사람들을 마주 보는 일 또한 고통스럽다.
눈을 감고 외면하면 마음이 더 편할지도 모른다.
그러나 모두가 고통을 외면하고 산다면
그 고통은 항상 그 자리에 남아있을 것이다.

하늘이 맑게 개이고 그 어둠침침한
반 지하 빌라의 방안에 한줄기 햇빛이 들어와
어둡던 아이들의 얼굴에도 웃음이 다시 찾아오면 좋겠다.

"안녕히 잘 계시지요?"
성당에서 오랜만에 만나 반가운 얼굴을 보자 약간은 장난스럽게 인사를 건넸다. 그분은 나보다 두세 살 많은 여성분이다. 같은 단체에서 활동을 하며 친근하게 지냈던 사이였다. 내 인사를 활짝 웃는 웃음으로 대신 받았다. 그 웃음이 어찌나 밝고 아름다운지 나까지 덩달아 기분이 밝아졌다. 나는 한술 더 떴다.

"피부가 더 고와진 것 같아요."
이제는 얼굴이 더 활짝 핀다. 그러면서 여름 감기에 걸려서 고생하고 있다고 한다. 인사치레이든 뭐든 듣기 좋은 말은 들어서 기분이 나쁠 리는 없을 것이다. 내가 평소에 심하게 빈말을 하지 않는다는 것을 알기에 어쩌면 더 기분이 좋아진 것일 수도 있다. 그분은 약간은 민망해서인지 화제를 감기로 돌리는 것을 나는 장난기가 생겨서 다시 한술을 또 얹었다.

"전에는 누님이었는데 지금은 꼭 내 여동생 같네."
좋아서인지 재미있어서인지 파안대소하며 어쩔 줄 모른다. 이렇게 한바탕 웃음을 주고받으니 오늘은 어쩐지 좋은 일만 있을 것 같다.

오늘은 성당에서 반찬 봉사를 하는 날이다. 매주 금요일이면 어려운 이웃을 위해 반찬을 만들어 배달을 한다. 내가 살고 있는 지역은 빈부 격차가 매우 심한 지역이다. 한 주택에 몇 세대가 살 수 있는 일명 빌라라고 부르는 주택과 아파트가 반반 정도 공존하고 있다. 오래된 빌라에는 월세를 사는 빈곤층이 많다. 혼자 사는 노인 세대, 이혼 가정에서 혼자 아이들을 키우는 모자 세대, 심지어는 부모가 없이 청소년만 남겨진 세대도 있다. 적어도 밥 먹는 거라도 도움을 주어야 한다는 생각들이 모이기 시작했고 결국 성당에서 음식을 조리하여 배달하기로 하였다. 이렇게 시작한 것이 벌써 21년째다.

나는 4년 전에 봉사 활동을 시작했다. 그러나 2년을 하고 나서 몸이 아프고 수술과 입원을 반복하게 되자 봉사를 그만두었다. 오늘은 봉사자 한 사람이 나오지 못하게 되자 나에게 연락이 왔다. 좋은 일이라고 여기며 오랜만에 봉사를 나오게 되었는데 왠지 모르게 기분이 좋다. 그래서일까 잘 하지 않던 농담도 나온다. 식당 조리실로 들어서자 기다렸다는 듯이 나를 반갑게 맞아 주었다. 모두들 밝은 표정으로 힘든 줄도 모르고 기쁘게 일하고 있었다. 여자들은 조리를 담당하고 남자들은 무거운 것을 나르거나 보조 역할을 하고 나서 나중에는 배달을 나간다.

음식 준비를 마치면 배달을 나가는 시간은 정오 무렵이 된다. 그래서 간단히 점심을 먹는데 오늘은 밥을 미처 준비하지 못하였다고 한다. 대신 라면 2개가 남아 있어 라면을 끓여 왔다. 라면은 남자들만 세 사람이 나누어 먹고 과일로 배를 채웠다. 나는 일만 시키고 밥도 안 준다며 투정을 부렸다. 물론 농담으로 하는 말이다. 이래저래 웃음이 끊이지 않고 라면 2개라도 배부르고 어쩐지 마음까지 포만감이 느껴진다. 이 또

한 좋은 일인가 보다.

　오늘 반찬은 황태뭇국과 계란말이와 콩나물무침이고 식당을 하는 분이 호박죽(본죽)을 기부를 해서 4가지 음식을 열일곱 가정에 배달을 하였다. 첫 번째 집은 세 가족이 살고 있는데 남편으로부터 가정폭력을 당하여 이혼 후 자녀 둘과 세 식구가 살고 있다. 아이들이 대인 기피증이 있고 정서적으로 불안하여 음식을 받는 것조차도 어려워한다. 두 번째 집은 혼자 살고 있는 할머니인데 4년 전에도 내가 배달을 하였던 친근한 할머니이다. 할머니는 나를 보면 항상 고생한다며 음료수 한 병을 꼭 준비하였다가 손에 쥐어주고 감사하다는 말을 몇 번씩 하여서 오히려 민망할 정도였다. 때로는 까만 비닐봉지에 밤을 담아 주기도 하고, 귤을 몇 개씩 쥐어주기도 하고 뭐라도 자꾸 주려고 하였다. 그다음 집도 혼자 사는 할머니이고, 다음 집도 마찬가지이다. 가장 마음이 아픈 것은 가정폭력이 생각보다 많아서 이혼 후 자녀들을 데리고 어렵게 사는 모자 가정이 많은 것이었다. 오늘 내가 맡았던 여덟 집 가운데 두 가정이 가정 폭력이 있는 모자 가정인데 아이들이 모두 어두운 표정이었다. 갑자기 세상도 어두워 보인다. 배달을 마치고 돌아오는데 이슬비가 내리기 시작한다. 하필 비는 또 왜 오는지.

　오늘은 하루 종일 구름이 끼고 이슬비가 오락가락하는 날이다. 여름 장마가 끝난 지가 한참인데 지금도 흐린 날이 자주 찾아와서 기분이 끄물끄물할 때가 많다. 파란 하늘에 파란 마음으로 살아가면 좋을 텐데 짙은 회색빛으로 덮은 하늘만큼 마음도 어둡다. 어렵고 힘든 사람들을 마주 보는 일 또한 고통스럽다. 눈을 감고 외면하면 마음이 더 편할지도 모른다. 그러나 모두가 고통을 외면하고 산다면 그 고통은 항상 그 자리에 남아있을 것이다.

사실 내가 세상의 낮은 곳에서 어렵게 살아가는 사람들을 위해 하는 일이 꼭 그들을 위한 마음만은 아닐지도 모른다. 봉사를 한다는 것이 나에게는 어울리지 않는다고 생각했었고 지금도 썩 달라지지는 않았다. 때로는 귀찮아하면서, 때로는 어떤 의무감 같은 것 때문에 하기도 했었다. 지금도 그들을 바라보면 불편하기도 하고 마음이 아프기도 하고 복잡한 감정이 일어나 혼란스럽다. 그러나 그 사람들을 만날 때면 내가 이 세상에 자리 잡고 있는 곳이 어디인지 잘 알 수 있다. 내가 불행한 사람인지, 내가 누리는 행복이 무엇인지, 얼마나 사랑받고 살고 있는지, 내가 받고 있는 고통이 과연 저 사람들과 비교할 수 있는지 잘 알 수 있다. 어쩌면 나를 위한 봉사일지도 모른다.

이렇게 잔뜩 흐리고 구질구질한 날씨도 다시 맑은 날이 찾아올 것이다. 하늘이 맑게 개이고 그 어둠침침한 반 지하 빌라의 방안에 한줄기 햇빛이 들어와 어둡던 아이들의 얼굴에도 웃음이 다시 찾아오면 좋겠다.

어느 생일날의 일기

그리고 내 삶도 충분히 사랑받을 가치가 있는
삶이라는 것을,
가치가 있는 삶이어야 한다는 것을,
그래야만 더 사랑할 수 있다는 것을
나에게 꼭 말해주고 싶다.

2024년 5월 15일, 수
맑음, 13도-23도, 미세먼지 없음
상쾌하고 기분 좋은 날씨

   초등학교 때 일기를 쓰다가 그만둔 뒤 50년도 훨씬 지난 지금에 와서 새삼스럽게 일기를 쓰기로 했다. 그것도 68번째 생일을 맞아서. 참 별일이다.

   글을 쓰면서 날과 달과 계절이 바뀌는 속에 변하는 것들을 기록하고 남겨야 할 필요가 절실해졌다. 진즉 했어야 할 일이었다. 어쩌면 그동안 살면 얼마나 산다고, 다가오는 날들이 어제와 오늘과 다르면 얼마나 다르고, 또 다르다고 한들 무슨 의미가 얼마나 있다고. 이런 생각들 때문이었을까. 삶을 스스로 폄훼하고 내 안에 언제부터인가 염세주의가 슬쩍 들어와 버린 것 같다. 살아간다는 것에 그만큼 큰 의미를 두지 않았을 것이고 삶에 미련이, 애착이 적었을 수도 있다.

   그동안 삶이 힘들었던 것이었을까? 물론 힘들지 않은 삶은 없을 것이다. 누군들. 태어날 때부터 힘들었던 것 같다. 내가 태어날 때 누군가가 내 엉덩이를 힘껏 내리치며 나오자마자 고통이란 것을 각인시켜 주었다. 삶이란 이런 것이라고 말해주고 싶었는지 모른다. '삶의 본질은 고통'이라고 쇼펜하우어가 말했고, 불교에서는 고뇌와 번뇌에서 벗어나는 해탈을 궁극의 목적으로 삼았다. 마침 세상에 나와 보니 그날은 음력 4월 8일이었고 '부처님 오신 날'이었다. 어렸을 적에는 4월 초파일이라고 불렀다.

초등학생, 중학생이었을 적에 시골집에서 어머니와 토방마루에 앉아 있으면 간혹 스님들이 마당으로 들어와 공양을 청한다. 어머니는 쌀 반 바가지를 퍼 가지고 와서 바랑에 넣어 준다. 그러면 스님은 또 어머니에게 말을 붙이며 토방마루에 앉아서 아들이 몇 살인지 물어보고 생일도 물어본다. 4월 초파일이라고 하면 스님이 한다는 말이 "아들을 절에 팔아야겠네." 한다. 그러면 복 받는다고 한다. 절에 판다는 말이 무슨 말인지 잘 알 수는 없었지만 짐작이 가는 것은 나더러 중이 되라는 것이었다.

그때부터 절에 대하여 어떤 영감이 작용하였는지 모르지만 절이 친근해지기 시작했다. 절에 가면 마음이 편안하고 뭔가 맑아지는 기분이 들었다. 그렇다고 중이 되고 싶은 생각까지는 없었다. 절을 포근하게 감쌌는 산세와 푸른 숲과 맑은 공기와 고즈넉한 분위기가 나를 이끌었던 것 같다. 어쩌면 절보다는 넉넉한 자연의 품이 더 평화로움을 주고 조금씩 자연에 대한 관심과 애착을 가지게 되었으며 도시에서 생활하면서는 항상 자연을 그리워하게 되고 갈증을 느끼게 했던 것 같다.

삶이 팍팍하고 때론 답이 없을 때 차를 몰고 절이 있는 곳으로 들어오면 자연은 어머니처럼, 나를 가장 사랑해 주었던 외할머니처럼 포근하게 품어 주었다. 자연이 결코 삶에 답을 주지는 않았지만 나 스스로 답을 찾아갈 수 있도록 마음을 다독여 주었고 마음은 내 안에 가지고 있는, 아니 내 안에 기억으로 저장되어 있는 사랑과 따뜻함과 정을 꺼내어 힘을 얻도록 하였다. 그 사랑과 따뜻함과 정은 나를 낳고, 키우고, 살고, 사랑하고, 미워하고, 같이 울었던, 같이 웃었던 사람들의 것이다.

사랑이라는 단어를 떠올리면 눈물이 난다. 아마도 나를 지탱해 주는 단어는 사랑일 것이다. 사랑이라는 단어를 떠올릴 수 없다면 삶이 가능했을까? 또 삶이 가능할까? 사랑이라는 단어를 잊어버리기라도 한다면 피었다가 시들어버리는 꽃잎처럼 금방 시들어버릴 것이다. 나를 위해 수많은 사람이 사랑했고, 매일 밥을 먹는 것처럼 하루도 한시도 그 사랑이 없었다면 꽃으로 피어날 수 있었을까? 열매를 맺기도 전에 시들어버리지나 않았을까?

오늘은 내 생일이자 동시에 딸의 생일이다. 딸은 내가 태어난 날과 같은 음력 날에 태어났다. 마치 같은 날을 기다렸다는 듯이 예정일을 넘겨가면서 태어났다. 나를 닮아버린 딸이 조금은 아쉬웠다. 왜냐면 아빠보다 엄마가 더 잘 생겼으니까. 그런데 외모가 닮으면 성격은 닮지 않는다는데 둘 다 닮았다. 다행히도 외모는 아빠보다 훨씬 훤(환)하고 성격은 아빠보다 너그럽다.

딸은 아빠에게 반항이나 불평을 한 적이 한 번도 없었고, 나 역시 딸에게 한 번도 야단을 친 적이 없었던 것 같다. 그러나 속으로는 아빠를 원망하거나 서운해 한 적도 많았다는것을 안다. 하지만 그것을 표현하지 않았다. 나는 그래서 더 미안하다. 딸이 성인이 되고 나서는 아빠 때문에 받았을 결핍과 아픔들을 스스로 다스리고 치유하고 있었다. 말없이. 나는 그것도 안다. 대학을 졸업하고 친구가 가는 유학을 친구와 같이 가겠느냐고 물었을 때 가지 않겠다고 했다. 아마 속으로는 친구가 부러웠을 것이다. 유학을 가면 그만큼 가족들이 힘들어진다는 것을 잘 알고 있었기 때문에 외국으로 나가는 것에 무관심한 척했을 것이다. 딸은 어려운 가정환경에서도 자신을 다독이고, 일으키며 살아가는 방법을 터득하면서 성장해 갔다. 20대 때 언제부터인가는 나의 부족한 점을 조언해주고 있었다. 놀라웠지만 마음이 아프기도 했다. 스스로 감내하고, 이겨내고, 도움을 주기까지 얼마나 애쓰고 노력했을지. 지금은 아빠와 엄마를 응원하고 어려움도 함께 해결해 나가는 든든한 지원군이 되었다. 그렇지만 아직도 나는 딸에게 든든한 아빠인지 자신이 없다. 가늠할 수 없을 만큼 많은 사랑을 받고 살아왔지만 그 사랑을 베푸는데 여전히 부족하고 서툴다. 내가 받은 사랑을 모두 다 아낌없이 주고 가야 할 텐데도 그렇다.

어쩌면 뒤늦게 일기를 쓰는 것도, 수필이라는 글을 쓰는 것도 사랑을 고백하기 위한 한 방법인지도 모르겠다. 나를 알아가고 나의 실수를 인정하고 참회하는 비겁한 방법인지도 모르겠다. 그래서 이제라도 뒤늦은 사랑 고백을, 그리고 남은 사랑을 사정없이 퍼 줄 일만 남은 것 같다. 그리고 내 삶도 충분히 사랑받을 가치가 있는 삶이라는 것을, 가치가 있는 삶이어야 한다는 것을, 그래야만 더 사랑할 수 있다는 것을 나에게 꼭 말해주고 싶다.

아, 참 그리고 오늘 드디어 집 앞 공원 숲으로 작년에 왔던 여름 철새 꾀꼬리 한 쌍이 다시 찾아왔다. 꾀꼬리도 내 생일을 알고 있는 걸까?

잡초를 뽑으며

사람이 사는 세상의 밭에서도
서로를 잡초라며 뽑아버리려고 한다.
선과 악을 쉽게 가르고 내편이 아니면 모두 적이
되기도 한다.
말끔해진 텃밭을 뒤로하고 나오니
잡초들의 볼멘소리가 들리는 것 같다.

"잘났다 인간들아! 내가 잡초면 너는 잡놈이냐?"

"텃밭에 잡초 좀 뽑아야겠어요."

텃밭에 다녀온 아내가 나에게 숙제를 내주듯이 말했다. 6월의 초여름인데 날씨는 왜 이리 더운지. 땡볕 아래에서 머리를 처박고 잡초와 씨름을 할 생각에 얼마 전 TV에서 본 자연농법으로 농사를 짓는 젊은 귀농인이 자꾸 떠올려진다. '자연농법으로 텃밭을 가꾸어 보자고 할까?' 슬금슬금 꾀가 나기 시작한다.

텃밭에 도착하니 무더워진 날씨와 자주 내린 비 때문인지 잡초들은 튼튼하게 잘 자라고 있었다. 잡초가 작물이었으면 좋으련만, 어찌 된 일인지 작물은 여리여리한데 잡초는 용감하게 고개를 빳빳이 쳐들고 팔을 쭉쭉 뻗으며 마치 자기들이 이 땅의 주인이라도 된다는 듯이 의기양양한 모습이다. 작물들을 심기 위해 이른 봄부터 땅을 갈아엎고 거름을 뿌리고 이랑을 내고 비닐 멀칭을 하여 가뭄과 잡초에 대비하고 모종을 사서 심고 애지중지 가꾸고 있건만 작물들은 잡초의 위세를 당해내지 못하고 풀 죽은 모습이다. 그래도 비닐 멀칭 덕분에 작물 근처에는 잡초가 없어서 생육에는 큰 지장이 없어 보인다. 작물도 뿌리가 힘을 받으면 튼튼하게 자라서 잡초와 한판 경쟁을 할 수 있을 것이다.

원래 이 텃밭은 잡초가 무성했던 마을 한가운데 주택지 공터였다. 100평 남짓한 공터에는 잡초와 쓰레기가 방치되어 있었다. 그것을 치우고 9 등분하여 9명이 텃밭으로 가꾸었다.

주민들은 깨끗해진 주변 환경에 더해 작물들이 꽃을 피우고 열매를 맺고, 상추, 열무, 부추, 들깨, 고추, 가지, 오이, 호박, 토마토, 고구마, 옥수수, 등, 해를 거듭할수록 늘어나는 다양한 작물들을 보며 동네가 변했다며 좋아한다. 그러나 이 땅의 주인은 어쩌면 잡초인지도 모른다. 유난히도 잡초가 번성하여 몇 년째 잡초와의 전쟁을 치르고 있다.

 잡초는 밭의 가장자리와 두둑의 사이사이 고랑에서 자라고 있다. 두둑은 비닐 멀칭으로 흙을 덮어 버렸으니 잡초가 침투를 할 수 없지만 대신에 고랑이라도 차지하겠다는 심산으로 빽빽이 들어차 있다. 이 녀석들은 거름을 주지 않는데도 무성하고, 약을 치지 않는데도 벌레도 없고 병도 없다. 작물들은 진딧물부터 시작하여 벌레와 병균이 호시탐탐 노리고 며칠이라도 방심하면 그들에게 점령당하고 만다. 정작 보살피는 작물은 벌레가 먹고 병이 들지만, 잡초들은 오직 자연이 주는 것만으로 무성하게 자라며, 사람들이 밟고 뽑고 온갖 박해를 가해도 끊임없이 번성하는 강한 생명력으로 살아남는다.

 텃밭에는 이름도 알 수 없는 잡초들이 많이 자라고 있다. 이름을 알 수 없으니 사람들은 편리하게 '잡초'라는 이름으로 뭉뚱그려 부르고 있다. 그러고 보니 잡초들에게 미안해진다. 굳이 잡초라고까지 부르지 않아도 되지 않을까 싶다. 그냥 풀이라고 부르자. 아마도 작물과 대비하여 잡초라고 부르게 되었겠지만 잡초는 어쩐지 너무 풀을 비하하는 것이 아닌가 싶다. 같은 풀도 때로는 잡초라고 부르기도 하지만 약초라고 하기도 하고 나물이라고 하기도 한다. 그런가 하면 야생화가 되기도 한다.

올봄 우리 텃밭에 예전에는 보이지 않던 가시엉겅퀴 하나가 상추를 심은 두둑 한가운데에 우뚝 솟아나더니 키가 점점 커져서 제법 장대한 품새를 갖추기 시작하였다. 아내와 나는 가시엉겅퀴 꽃을 볼 양으로 뽑지 않고 자라는 대로 두었다. 가시엉겅퀴의 늠름한 자태와 예쁜 보라색 꽃이 피기를 기대하고 있던 어느 날, 텃밭에 가 보니 가시엉겅퀴가 없어졌다. 나중에 알아보니 이웃 텃밭지기가 잡초라고 뽑아 버렸다는 것이다. 아내는 일부러 키우고 있었는데 그걸 뽑아버렸다고 못내 아쉬워하였다.

누군가에게는 해로운 존재이지만 누군가에게는 소중한 존재가 되기도 한다. 가시엉겅퀴는 잡초일까? 가시엉겅퀴는 어린순은 나물로, 다 자라면 약재로 이용되고, 뿌리는 차를 내어 먹기도 하고, 우리 부부에게는 화려하고 귀한 야생화가 되기도 한다. 잡초라고 백해무익하지 않다. 잡초가 해악이라는 것은 인간의 기준일 뿐이고 생태계에서는 중요한 역할을 하고 있다. 잡초의 뿌리는 토양에 공기층을 형성하여 땅을 부드럽게 하고, 땅을 일구는 지렁이가 살 수 있는 환경을 만들어 토양을 거름지게 한다. 이 밖에도 잡초가 땅 위에 있어야 할 이유는 많다. 가시엉겅퀴처럼 인간이 다양한 용도로 직접 이용하지 않는다고 해도 잡초의 역할은 무시할 수 없다.

텃밭에서 가장 번성하는 풀은 쇠비름이다. 쇠비름은 줄기와 잎이 통통하게 살이 찐 모양으로 손으로 잡고 뽑으면 뿌리가 다 뽑히지 않고 줄기와 뿌리가 일부만 뜯겨서 남은 뿌리로 다시 살아나기 일쑤다. 어디서나 흔하게 볼 수 있는 바랭이 풀, 쑥부쟁이, 개쑥갓, 망초와 이름도 알 수 없는 많은 풀들이 딱딱한 땅바닥에 뿌리를 박고 자기들의 영역이라고 끝까지 땅을 지킨다. 풀은 땅에 뿌리를 박고 지구의 중력으로 버티고 나는 엉덩이를 하늘로 치켜들고 중력을 거슬러 온 힘을 쏟는다. 마치 풀은 땅의 보호를 받고 인간이 땅에 맞서는 듯싶다. 어쩌면 땅이 절실히 필요해하는 것은 인간이 아니라 풀일지도 모른다. 땅은 기억하고 있다. 인간이 해온 모든 일들을. 땅에 약을 뿌리고, 화학 비료를 뿌려 대고, 심지어 땅을 단단한 콘크리트로 덮어 숨을 쉬지 못하게 한다.

아내가 내어 준 숙제는 두 시간 동안 땀을 쏟으며 끝냈다. 자연농법이 나의 머리에 들어와 작물과 풀을 구별하지 않는 공생을 잠시 꿈꾸었지만, 텃밭에서 기르지 않은 식물은 아직까지는 제거해야만 하는 잡초다. 텃밭은 이제 작물과 잡초가 이분법적으로 나뉘었다. 마치 선과 악처럼 분명해졌다. 살아남은 것은 작물이다. 미안하지만 당분간 잡초는 제거될 것이다.

잡초를 뽑으면서 잡초처럼 솟아나는 잡념이 머릿속을 어지럽힌다. 사람이 사는 세상의 밭에서도 서로를 잡초라며 뽑아버리려고 한다. 선과 악을 쉽게 가르고 내편이 아니면 모두 적이 되기도 한다. 말끔해진 텃밭을 뒤로하고 나오니 잡초들의 볼멘소리가 들리는 것 같다.

"잘났다 인간들아! 내가 잡초면 너는 잡놈이냐?"

방정

나는 지금도 외할아버지의 사랑이 그리워서 손자들에게
"방~정" 하며 가짜 꿀밤을 먹인다.
이 아이들이 나의 마음을 알아줄 날이 언제일지는
모르지만 내가 받은 사랑을 전해주면 아이들도
먼 훗날 그들의 손자 아이들에게
그 사랑을 나누어 줄 것이다.

"방~정!"
"방~정!"
내가 여섯 살 손자에게 손으로 꿀밤을 먹이는 시늉을 하면서 "방~정"이라고 하면 손자 녀석도 "방~정"하며 장난스럽게 따라 한다.

 '방정'이라는 말은 내가 손자 아이와 똑같은 나이었을 때 외할아버지께서 말썽꾸러기였던 나에게 하였던 말이다. 내가 말썽을 피울 때면 외할아버지는 꿀밤을 먹이는 시늉을 하며 '방정'이라는 말을 자주 쓰셨다. 지금 손자 아이는 '방정'이라는 말이 무슨 뜻인지도 모르고 단지 장난으로 하는 말인지 아는 모양이다. 나 역시 처음 외할아버지가 '방정'이라 하며 꿀밤을 먹이려고 하였을 때 근엄하신 외할아버지가 왜 저런 말을 하는지 잘 몰랐다. 그러나 그 말을 할 때마다 말썽을 피울 때에 사용한다는 것을 알고 외할아버지가 나를 혼내는 말이라는 것을 눈치채게 되었다.

 외할아버지와 외할머니에게는 아들이 없이 딸만 둘 있었다. 아들이 없자 마을 사람들은 외할아버지에게 소실(小室)을 얻어 아들을 낳아 대를 이으라고 하였다. 그러나 외할아버지는 단호하였다. 그것은 옳지 않은 일이라며 딸이 둘이나 있으면 충분하다고 하였다. 그런데 큰 딸이 일찍 죽고 딸 하나만 남게 되었다. 남은 딸은 무남독녀 외동딸이 된 것이다. 두 분은 외동딸을 애지중지하며 키웠고 단출한 세 식구였지만 오순도순 살았다. 딸이 성장하여 결혼을 하고 첫아들을 낳았다.

두 분은 자신들에게는 없는 아들을 딸이 낳아 손자를 보게 되었으니 얼마나 기쁘고 좋았을까. 그보다 더 좋은 일은 없었을 것이다. 이렇게 무남독녀 외동딸인 어머니는 나를 낳았다.

외할아버지는 큰 키에 마른 체격이지만 허리가 곧고 걸음이 빨랐다. 아침 식사를 마치면 작은 방으로 가서 책을 읽거나 화투로 패를 나누다가는 긴 두루마기를 입고 휭 하니 바람을 일으키며 사립문 밖으로 사라지곤 하였다. 마을에 가면 무슨 일을 하시는지 알 수 없으나 점심때가 되면 어김없이 시간을 지켜 들어오고 식사를 마치면 다시 휭 하니 도포자락을 날리며 구불구불한 골목길을 돌아 멀어지곤 하였다.

외할아버지는 엄격하고 올곧은 성격으로 마치 대쪽 같은 분이었다. 동네에서 누군가 불의한 일을 저지르면 참지 않고 잘못을 꾸짖었다. 마을에서는 호랑이 같이 무서운 분이었다. 그러나 철부지 장난꾸러기였던 나에게는 한 번도 화를 낸 적이 없었고 고작 혼낸다는 것이 "방~정"이라며 가짜 꿀밤을 먹이는 것이었다. 그것도 흔치 않은 미소를 지으면서 오히려 천진난만한 어린아이로 잠시 돌아간 듯한 표정이 된다. 나에게는 한없이 인자한 외할아버지였다.

여름 방학, 겨울 방학이 되면 곧장 외할아버지 댁으로 간다. 일 년이면 방학 두 달을 외할아버지 집에서 보낸다. 방학이 시작되면 외할머니는 어떻게 알았는지 토방 마루에 앉아서 이제 오나 저제나 오려나 하며 나를 기다리고 있었다.

외할아버지 집은 구불구불 돌담길을 걸어가면 맨 끝에 동화처럼 앉아있는 아담한 초가집이다. 큰 방과 작은 방이 있고 큰 방과 작은 방 사이에 광이 있다. 살림살이는 두 분만큼이나 단출하고 정갈하다. 장롱도 화장대도 없다. 가구라고는 키 작은 반닫이 하나만 방 귀퉁이에 자리 잡고 있었다. 그 계절에 입을 옷 몇 벌은 깨끗이 다림질하여 벽에 못을 박고 걸었다. 계절이 지난 옷은 반닫이에 가지런히 개어 넣어 두었다. 소박한 이불 몇 채는 벽에 통 대나무 2개를 걸쳐 만든 시렁 위에 올렸다. 그 옆으로 대나무로 만든 바구니에 종이를 발라 만든 함지에 속옷이며 양말이며 버선이 들어 있고, 또 그 옆 함지에는 외할머니의 바느질실이며 바늘, 가위 따위가 담겨 있다. 맨 끝 또 다른 함지는 외할아버지 전용이다. 그 안에는 주로 담배가 들어 있는데 곰방대에 담배 잎을 비벼 넣고 피우는 봉초(封草) 몇 개가 외할아버지를 기다리고 있다. 벽 한쪽에는 작은 거울이 걸려 있는데 외할머니가 거울 앞에서 머리를 곱게 빗어 쪽진 머리를 하면 내 눈에는 세상에서 가장 예쁜 할머니가 된다.

　　외할머니는 새벽에 조용히 일어나 큰 방에서 정지로 난 아주 작은 문을 열고 나가서 솔가지에 불을 붙여 가마솥에 밥을 하고 큰방으로 밥을 차려 낸다. 네모진 상에는 외할아버지와 내가 겸상을 하고 외할머니는 동그란 작은 상에서 혼자 밥을 드신다. 지금 외할머니를 생각하면 마음이 아프지만 그때는 몰랐었다. 당신을 한없이 낮추는 가운데 사랑이 숨겨져 있다는 것을. 살림살이도 그렇고 음식도 그렇고 꼭 두 분을 닮아서 소박하고 정갈하고 그리고 맛있다. 60년이 지난 지금도 세상에서 가장 맛있는 음식은 그때 그 밥상 그 음식이다.

광에는 두 사람은 들어갈 만큼 커다란 옹기 독 몇 개와 작은 독들이 벽을 대고 서 있다. 여기에는 쌀이며 보리며 식량이 들어 있다. 간혹 곶감이며 홍시 감을 독 안에 넣어 두었다가 겨울에 꺼내주곤 하였다. 마당 오른쪽에는 큰 감나무가 한 그루 서 있고, 왼쪽에는 살구나무가 한 그루 서 있다. 여름이면 주황색으로 잘 익은 살구가 맛있고, 겨울이면 홍시가 된 감이 달다. 마당 한편에는 까만 토종 돼지 한 마리를 키우고 다른 가축은 키우지 않았다. 다른 쪽 마당에는 장독대가 자리하고 그 옆으로 작은 텃밭이 있어서 파, 상추, 부추를 길러 그때그때의 찬(饌)에 맛을 더 한다.

집안이며 마당 살림이며 꼭 필요한 것 만 가지고, 키우며, 검소하고 청빈하기 이를 데 없다. 뭐 하나 더 있는 것도 없고 남아돌아 허투루 허비하는 것이 없다. 가난한 삶을 살면서도 욕심내지 않고 마음은 항상 너그러웠다. 동냥하러 오는 사람에게는 쌀 아까운 줄 모르고 인정을 베풀었다. 누가 그분들에게 가난하다고 할 수 있을까. 사랑만큼은 큰 부자였다.

나는 지금도 외할아버지의 사랑이 그리워서 손자들에게 "방~정" 하며 가짜 꿀밤을 먹인다. 이 아이들이 나의 마음을 알아줄 날이 언제일지는 모르지만 내가 받은 사랑을 전해주면 아이들도 먼 훗날 그들의 손자 아이들에게 그 사랑을 나누어 줄 것이다. 사랑은 그렇게 전해지고 퍼져나가고, '방정'은 우리만의 사랑의 또 다른 말이 되어 살아있을 것이다.

한라산 만세동산에서

모든 것을 품고 모든 것을 보여주는 광대함이다.
법정 스님이 하신 말이 떠오른다.
"대자연에 있으면 세상 것들이 시시해진다."
저 멀리 보이는 도시들이
내가 살아왔던 작은 세상이었다.
이제는 내가 살아가야 할
더 큰 세상을 위해 대자연의 넓은 아량을 배워가고 싶다.

아침 8시, 숙소에서 제주시외버스터미널까지 10분을 걸었다. 버스터미널 앞에서 김밥 두 줄을 사서 배낭에 넣고 버스에 올랐다. 한라산 만세동산과 윗세오름으로 가기 위해서 시외버스를 타고 40분 만에 어리목주차장에 도착하였다. 어리목에서 만세동산을 거쳐 윗세오름 대피소까지 3시간 정도 소요되고 하산은 윗세오름을 거쳐 영실 주차장까지 2시간이 예상된다. 만세동산은 윗세오름대피소 가기 전의 가까운 곳에 있다

주차장을 벗어나 산으로 오르자 어리목교가 나왔다. 10월 하순의 한라산은 단풍이 절정이었다. 계곡 위 다리는 울긋불긋한 단풍과 계곡물이 조화를 이루며 산행 초입부터 한껏 설레게 한다. 아내는 다리 위에서 멋진 자태를 뽐낸다. 빨간 등산복과 단풍이 어우러져 화려함을 더하고 환하게 웃는 모습이 내 눈에는 마치 선녀와 같다. 저렇게 해맑은 웃음을 지어본 적이 언제였던가. 너무 오래된 웃음이다. 아내의 웃는 모습이 참 예쁘다. 세상의 모든 걱정과 아픔과 고단함도 한순간에 싹 잊게 해주는 맑은 웃음은 나를 정화시키고 생기를 돋게 한다. 아내가 어두운 표정을 하고 있을 때면 순간 가슴이 철렁하다. '무슨 일이 생겼나. 내가 뭘 잘못했나?' 그러다가도 밝게 웃으면 다시 평화로워진다. 아내의 환한 웃음이 많이 줄었다. 다시 웃음을 찾아 주어야 할 텐데. 모처럼 활짝 웃는 아내를 담기 위해 카메라 셔터를 연신 눌러댔다.

어리목교를 지나자 꽤 가파른 오르막이 시작되었다. 울창한 숲으로 둘러싸인 오르막길은 조금 지루하고 힘든 구간이

다. 한 시간 반 동안 숲 속 오르막을 빠져나오자 눈앞에 커다란 소나무가 나타나고 환하게 조망이 트였다. 이곳이 해발 1,432m 사제비동산이다. 바위에 걸터앉아 숨을 길게 내쉬고 올라온 길을 뒤돌아본다. 마치 우리가 살아온 인생길 같다. 우거진 숲 속에서 하늘은 간간이 비출 뿐 밝음을 쉽사리 허락하지 않고 험난한 계단을 힘겹게 오르는 삶이었다. 사제비동산에서 우리는 어깨를 마주대고 고난의 길을 함께 해왔던 지난날을 돌아보며 '이제는 좀 쉬어 가도 되지 않을까?' 나 자신에게 물어본다. 눈을 들어 앞을 보니 가파르지 않은 무난한 오르막이다. 목적지의 삼분의 이 지점까지 왔으니 올 만큼 왔고 살 만큼 산 지점인 것 같다.

이제는 시야도 트이고 길도 가파르지 않으니 여유롭게 걸을 수 있다. 우리의 남은 삶도 이렇게 완만해진다면 얼마나 좋을까. 해발 고도가 높아질수록 키 큰 나무들은 점점 보이지 않고 키 작은 관목들이 나타났다. 철쭉과 진달래와 관음죽이 서로 경합하듯이 빽빽하게 자리하고 있다. 한라산 고산지대는 철쭉과 진달래가 봄이면 장관이라는데 점차 관음죽이 생태계를 점령해가고 있어서 식생을 조절하고 있다고 한다. 한라산 고산지대에 있는 구상나무는 우리나라 토종 나무로써 사계절 푸르고 가지와 솔방울이 하늘을 쳐다보고 위로 보고 있는 자태가 매우 아름답고 기품이 있었다. 그러나 아쉽게도 지구 온난화의 영향으로 한라산의 높은 곳에서도 자라기에 좋은 환경이 되지 못하여 고사목이 늘어나고 있다. 고사목은 죽어서도 천 년을 꿋꿋이 서서 견디며 삶과 죽음의 신비함을 보여주고 있었다.

드디어 만세동산의 드넓은 평원지대에 도착했다. 해발 1,608m 만세동산에서는 백록담의 남쪽 화구벽이 파란 하늘 아래 손에 잡힐 듯이 보인다. 만세동산에서 보면 백록담의 왼쪽에 민대가리동산에서 시작하여 장구목을 거쳐 백록담까지 고도가 높아졌다가 오른쪽으로 윗세붉은오름, 윗세누운오름, 윗세족은오름, 세 개의 형제 오름으로 고도가 낮아지면서 서로서로 어깨동무를 하듯이 유려한 곡선으로 누워있다. 흘러가는 곡선의 부드러움은 고개를 왼쪽에서 오른쪽으로 180도 돌리는 동안 내내 계속된다. 백록담 화구벽의 웅장한 절벽을 빼면 어디에도 직선이라고는 찾아볼 수 없다. 이제껏 살아 본 적 없는 곳, 곡선의 세계로 들어온 것 같다.

그동안의 삶은 직선이 지배하는 세계에서 살았다. 거리의 도로도, 아파트도 직선이다. 눈에 보이는 것 대부분이 직선이고 어느덧 마음도 직선으로 변했다. 직선의 마음은 성급하고 배려심이 부족하고 여유가 없고 때론 공격적이다. 상처를 쉽게 주고, 그 상처는 다시 나에게 돌아온다. 이곳에 있으면 마음이 한없이 평화로워진다. 상처 입고 비뚤어지고 각진 마음도 치유가 된다. 곡선의 여유와 부드러움을 마음 가득히 담아가고 싶다.

시선은 계속 연결된다. 윗세족은오름에서 눈을 돌려 백록담에서 흘러 내려온 능선을 따라 드넓은 만세동산 평원지대

밑으로 펼쳐진 한라산 중산간 지대와 저 멀리 아스라이 보이는 애월읍과 제주시의 점처럼 박혀 있는 작은 건물들, 그리고 그 너머 푸른 바다가 보인다. 군데군데 올록볼록 많은 오름들이 보이고, 낮은 지대에는 노랗고 빨간 단풍이 물들어 화려함을 자랑하고, 고지대에는 키 작은 관목과 수풀들이 파스텔을 칠해 놓은 것 같은 은은한 갈색이 편안함을 더해 준다. 모든 것을 품고 모든 것을 보여주는 광대함이다. 법정 스님이 하신 말이 떠오른다. "대자연에 있으면 세상 것들이 시시해진다." 저 멀리 보이는 도시들이 내가 살아왔던 작은 세상이었다. 이제는 내가 살아가야 할 더 큰 세상을 위해 대자연의 넓은 아량을 배워가고 싶다.

목적지인 해발 1,740m 윗세오름까지 남은 구간을 오르며 자꾸만 뒤를 돌아보게 된다. 만세동산에 펼쳐진 유려한 곡선과 대평원의 평화로움이 발걸음을 더디게 한다. 뭔가 아쉬움이 남는 듯, 높은 곳으로 오를수록 뒤를 돌아본다. 우리의 삶도 그렇게 뒤를 돌아봐야 한다. 살아갈수록 더 자주 뒤를 돌아보고, 살아온 삶을 되새겨보아야 한다. 그것은 내 삶을 책임지는 일일지 모른다. 우리는 자꾸만 뒤를 돌아보고 만세동산의 평화로움을 간직하며 윗세오름으로 올라갔다.

포도지정(葡萄之情)

어린 자식을 위해 어미가 포도 한 알을 입에 넣어
껍질과 씨를 가려낸 후
입물림으로 먹여주며 키우는
포도지정葡萄之情으로 나를 키운 것이다.

"오매 내 새끼 잘 잤냐!"

어릴 때 잠에서 깨어나면 외할머니가 내 엉덩이를 '툭툭툭툭' 두드리며 하는 말이다. 나는 외할머니의 팔베개를 베고 잠을 잤다. 외할머니는 팔이 아프고 저렸을 터인데도 신기하게도 아침에 일어날 때 보면 그때까지 팔을 베고 있었다. 외할머니는 팔을 살며시 빼고 내 엉덩이를 몇 번이나 사랑스럽게 두드리고 이불을 덮어주고 나서 새벽에 정지문을 열고 아침밥을 하러 나갔다.

무남독녀 외동딸인 어머니는 첫아들인 나를 낳았다. 그 무렵 아버지가 병을 앓게 되어 병원에 입원하게 되었는데 어머니가 아버지 간병을 할 수밖에 없었고, 갓난아기를 병원에서 키울 수 없어서 외할머니가 나를 키우기 시작했다. 외할머니는 어머니 젖을 먹을 수 없게 된 나를 데리고 다니며 다른 아이 엄마의 남은 젖을 얻어 먹이기도 하였다. 그러나 남는 젖이 없으면 굶어야 했다. 그러자 아기에게 먹일 분유가 없던 시절, 당신이 직접 생쌀을 입에 넣고 죽처럼 될 때까지 곱게 씹어서 침과 함께 내 입에 넣어 먹게 하였다. 외할머니의 침은 어린 아기가 소화를 시킬 수 있게 해 주었다. 어린 자식을 위해 어미가 포도 한 알을 입에 넣어 껍질과 씨를 가려낸 후 입물림으로 먹여주며 키우는 포도지정(葡萄之情)으로 나를 키운 것이다. 지금 생각하면 매우 비위생적인 것이라고 할 수도 있겠으나, 그때 당시로서는 외할머니가 나를 살리기 위해서 할 수 있는 유일한 방법이자 지극한 모성애였다. 아마도 외할머니는 나를 위해서라면 당신의 살이라도 아깝지 않게 떼어 주셨을 것이다.

아버지는 2년 만에 퇴원을 하여 집으로 돌아왔다. 그러나 나는 여전히 외할머니와 같이 살았다. 초등학교에 입학할 때가 돼서야 학교를 다니기 위하여 아버지, 어머니 곁으로 돌아오게 되었다. 그렇지만 그 시절 나는 우리 집보다 외할머니와 외할아버지가 사는 곳이 더 내 집 같았고 항상 외할머니 집이 그리웠다. 나는 종종 동네 앞동산에 올라 외할머니가 사는 동네를 바라다보곤 하였다. 우리 집과 시오리 거리인 외할머니 집은 강진만 바다가 가로놓여 있어서 산 위에 올라 바라보면 동네 맨 뒤쪽에 자리한 외할머니 집이 아스라이 보인다. 마치 바다 위에 신기루처럼 떠 있는 그림 같은 동네는 맑은 날이면 당장이라도 외할머니가 집 뒤안(뒤곁)으로 나와 모습을 보일 것 같은 생각에 빠져 한참을 서 있다가 내려오곤 하였다.

방학이 시작되면 다음날 외할머니에게 갔다. 그리고 방학이 끝나는 날, 바로 하루 전에야 집으로 돌아오곤 하였다. 외할머니는 방학 때가 되면 내가 올 줄 알고 토방 마루에 앉아 기다리고 있었다. 구불구불한 돌담길 맨 끝에 대문도 없는 초가집이 보이면 벌써 외할머니는 나를 보고 버선발로 뛰어나왔다.

"오매 내 새끼, 내 강아지 왔냐!" 하며 연신
"어이구 내 강아지, 오매 내 새끼" 한다.

얼마나 보고 싶었을까. 자식이라고는 어머니 한 사람뿐인 외할머니는 귀하디 귀한 피붙이인 손자가 돌아올 방학을 손꼽아 기다리고 있었다. 초등학생이 되었어도 여전히 아침에 잠에서 깨면 내 엉덩이를 '톡톡톡톡' 두드리며 부엌으로 나가고, 방학 한 달 동안 모든 사랑을 다 주셨다. 내가 집으로 돌아가는 날 외할머니는 떠나는 버스가 시야에서 사라질 때까지 정류장에서 한 점, 점으로 남아 그 자리에 서 있었다.

나의 유년시절은 외할머니의 사랑으로 따뜻하고 행복했다. 내가 성년이 되고 사회에 갓 진출했을 때, 외할아버지가 돌아가시고 몇 해 뒤에 외할머니도 돌아가셨다. 살면서 누군가에게 의지하고 싶을 때가 있다. 그럴 때 맨 먼저 떠오르는 사람이 외할머니다. 외롭고 허전할 때 찾아갈 수 있는 외할머니가 없지만 소중한 기억으로 간직한 채 새로운 삶을 찾아 삭막한 도시로 갔다, 독립하고, 외롭거나, 불안하고, 사랑하고, 때로는 행복해하며 살았고 많은 세월이 흘렀다.

나도 이제 할아버지가 되었다. 아들, 딸을 낳고 손자, 손녀가 생기게 되니 불현듯 외할머니가 그리워진다. 나이가 먹어갈수록 자꾸만 외할머니가 생각나는 것은 왜일까? 아직도 사랑이 더 필요한 걸까? 그토록 많은 사랑을 받았는데. 이제는 사랑을 받을 때가 아니라 사랑을 베풀 나이인데.

주말이면 손자, 손녀가 집으로 온다. 아내는 아이들에게 따뜻하고 맛있는 밥을 먹이려고 부산해진다. 나는 외할머니의 포도지정을 생각하며 밥상에 올라온 생선의 가시를 발라 아이들에게 준다. 배불리 밥을 먹은 장난꾸러기 아이들은 이내 집 안을 쑥대밭으로 만들어 버린다. 간혹 아이들에게 혼을 낼까 싶다가도 그럴 수 없다. 오히려 함께 뒹굴고 장난을 치며 논다. 외할머니가 나에게 주었던 사랑을 흉내 내어 보는 것이다. 내가 잘못을 해도 조용히 웃으며 지켜보던 외할머니가 떠오르기 때문이다. 이 아이들도 언젠가는 맨몸으로 삭막한 세상으로 나아갈 것이다. 고난과 시련으로 지치고 실의에 빠져 누군가의 따뜻한 손길이 그리울 때, 과연 누가 이 아이들의 힘이 되어 줄까? 그 무엇이 이 아이들을 지탱해 줄까?

안도현 시인이 '연어'에서 말했다. "존재한다는 것은 나 아닌 다른 것들의 배경이 된다는 것이다." 외할머니는 마치 나의 배경이 되기 위해 존재하는 것처럼 나에게 모든 사랑을 베푸셨다. 그 사랑은 외할머니가 돌아가신 오랜 뒤에도 내가 세상에서 살아가는 든든한 배경이 되었다. 내가 잘못된 길로 들어섰을 때도, 절망에 빠져 있을 때도 외할머니의 사랑은 오래도록 가슴속에 온기로 남아 나를 지탱해 주고 바른 길로 인도해 주었다.

아직도 가슴 깊은 곳에 남아있는 그 사랑을 꺼내어 본다. 이제는 그 사랑을 나누어주어야 할 때이다. 나누어주어야 할 사랑이 남아있고, 그 사랑을 받아 줄 가족이 지금은 나를 지탱해 준다. 외할머니의 포도지정은 나와 그리고 우리 가족에게 사랑이라는 이름으로 오래오래 간직될 것이다.

텁쎄기, 나를 규정해 버린 그 한 마디

'텁쎄기'라고 쉽게 나를 규정해 버렸던
그 한마디가 없었다면 나는 어떤 삶을 살았을까?

비록 가식과 허위가 있을지라도,
내가 아닌 다른 사람이 되고자 노력했던
많은 시간들이 헛된 것이 아니었으면 좋겠다.

'텁쎄기'라는 말을 지금 한 시간 동안 인터넷을 뒤져가며 찾고 있다. 분명 나에게는 익숙한 말인데 그 정확한 뜻을 모른다. 사실 '텁쎄기'인지, '텁쌔기'인지, '텁세기'인지, 아니면 '텁새기'인지 알지 못한다. 발음이 비슷한 말을 검색해 보지만 컴퓨터는 답이 없다.

'텁쎄기'라는 말을 처음 들은 것은 아마 초등학교 때인 것 같다. 어머니는 8남매의 맏이인 내게 자잘한 심부름을 시키곤 하였다. 내가 중학교에 다닐 때는 이미 식구가 10명이나 되는 대식구가 되었으니 어머니는 손발이 몇 개는 더 필요하였다. 기껏 심부름을 시키면 나는 그릇을 깨뜨리거나, 살림살이를 떨어뜨려 망가뜨리는 일이 있었다. 그때마다 어머니는 얼굴을 찌푸리며, "아이고 '텁쎄기' 같이 또 깨먹었네 또 깨먹었어!" 이렇게 야단을 치는 일이 늘어나게 되었고, 어찌 된 일인지 심부름을 하면 실수를 자주 반복하게 되었다.

'텁쎄기'는 어른이 되면서 점차 잊혀갔다. 어머니는 성장한 내게 차마 그런 말을 할 수는 없었을 것이다. 이렇게 '텁쎄기'는 한동안 나에게서 잊힌 단어가 되었다. 그런데 결혼을 하고 꽤 오랜 세월이 흐른 후, 아내와 점점 친구처럼 허물없이 지내게 된 어느 날 갑자기 아내의 입에서 '텁쎄기'가 튀어나왔다. 어렸을 적 어머니가 내게 하였던 그 말이 딱 그때 상황과 맞아떨어진 컵을 떨어뜨려 깨뜨린 순간 튀어나온 것이다. 너무나 오랜만에 들은 말이라서 그랬을까, 기분이 언짢기보다는 어쩐지 반갑기까지 하였다. 고등학생이 되어 어머니

곁을 떠나 도시에서 생활하면서 어느 누구에게도 한 번도 들어보지 못했던 오래된 그 말을 다시 듣게 될 줄 몰랐다. 아내가 나를 비하하는 말이라는 것을 알지만 나는 농담으로 받아들이고, 귀하면서도 우리끼리만 통하는 그 말을 재미있어했다. 그때부터 아내는 재미를 붙였는지 간혹 내가 실수를 저지르면 그때마다 '텁쎄기'를 자연스럽게 하였다.

나는 어렸을 때부터 겉으로 보기에는 얌전하고 차분해 보이지만 간혹 덜렁거리고 내심은 침착성이 부족했다. 어른이 되고서도 여전해서 집안에서도 어딘가에 부딪혀 다치고, 자동차를 운전하면서 여기저기 긁히고, 무언가를 떨어뜨리는 실수를 한다. 뭐 실수 안 하는 사람이 어디 있겠는가마는 작은 실수들 때문에 듣는 조롱이나 비하하는 말을 듣게 되면 기분이 나빠지는 것은 누구나가 마찬가지일 것이다. 그것이 설사 장난으로 하는 말일지라도 계속 반복되면 스트레스가 되고, 그 말 때문에 신경이 쓰이고 몸과 마음이 경직되어 실수를 더 자주 하게 된다. 칭찬을 하면 고래도 춤을 춘다는데, 꾸중을 하면 추고 싶은 춤도 멈추게 되고, 마치 그 말이 사실인 것처럼 각인이 되어 자신도 모르게 자신을 통제하는 상황까지 이르게 된다.

오랜만에 혼자 생활하는 딸이 집에 왔다. 아내는 집으로 돌아가는 딸에게 올 가을에 갓 나온 햅쌀이 있으니 조금 가져가라며 비닐봉지에 쌀을 담아 나에게 건네주었다. 잘못하여 손가락이 비닐봉지를 찔러 자동차에 쌀이 흘렀다. 이 광경을 본 아내는 어떻게 하다가 쌀 봉지를 터뜨렸냐며 '텁쎄기' 같다고 내뱉었다. 나는 이제껏 이런 말을 들을 때면 웃어넘기곤 했는데 이번에는 달랐다. 나도 모르게 화를 벌컥 냈다. 쌀 그까짓 게 뭐 그리 중요하냐며 소리를 높였다. 아내는 아내대로 잘못한 사람이 오히려 화를 낸다고 같이 화를 낸다. 나는 나대로 "쌀 한 줌이 중요하냐? 사람의 감정이 더 중요하냐?" 이러며 싸운다. 사소한 일로 양보 없는 싸움이 계속되자, 결국 딸이 중재에 나섰다. 어른스러운 딸의 충고를 따를 수밖에 없어 내가 먼저 사과를 했다. 아내도 어렵게 미안하다고 하였다.

부모 곁을 떠나 학업을 마치고 취업을 하고 사회에 진출하였을 때, 사회는 부모 밑에서 했던 작은 실수조차도 용납되지 않는 냉혹한 책임과 평가가 뒤따른다는 사실을 비로소 깨달았다. 그곳은 '텁쎄기'라는 듣기 싫은 말 한마디로 끝나지 않는 생존경쟁의 전쟁터 같았고, 누구도 무너진 자존심을 살펴주는 사람이 없으니 스스로 살아남고 스스로를 지켜내야 하는 곳임을 알게 된 것이다. 살아남으려면 변화하고 적응해야 했다. 덜렁거리는 것을 숨기고 차분한 척, 불안하고 당황스러운 상황에서도 침착한 척, 걱정할 일도 담담한 척, 나는 점점 겉과 속이 다른 사람이 되어갔다.

집에서도 마찬가지였다. 항상 차분하고 침착하게 평정심을 유지하려고 애썼다. 사람들은 나를 원래부터 매우 침착하고 차분한 성격의 사람으로 알았다. 아내와 30년 이상을 살아오면서 아내로부터도 차분한 사람으로 인정받아 왔다. 간혹 내가 실수를 하면 '텁쎄기'라는 말을 하기도 하였지만 농담처럼 사용하였다. 그런데 갑자기 내가 화를 냈던 이유가 뭘까?

'텁쎄기'는 어린 시절부터 50년을 넘게 나를 따라다니며 울게 하고 웃게 하였다. 내색을 하지는 않았지만, 아픈 곳을 찌르는 말은 가랑비에 옷 젖듯이 서서히 마음에 상처가 되었고 나는 그것을 극복하려고 부단히도 애를 썼다. 누구에게도 말하지 않은 각인된 나의 열등감은 나를 성장하게도 하였다. 회사에서 있었던 힘들었던 일과 모욕과 수치도 웃음으로 위장하며 가족에게는 안정과 평화와 행복감을 주려고 하였다. 가족들은 그런 나를 보며 안도하고 든든해하였을 것이다. 이것은 가장인 나의 가장 큰 책무였다. 그러나 그것을 지켜내려는 중압감을 그 누가 알아줄까? 나도 모르게 터져버린 화를 보며 가장 놀란 것은 아내와 딸이 아니라 바로 나 자신이었다.

나는 아내와 딸에게 말했다. 어린 시절 어머니로부터 '텁쎄기'라는 말을 듣고 자랐고, 나의 성격은 차분하지도, 침착하지도 않으며, 그렇게 보이지 않으려고 노력을 해 온 것뿐이고, 그것이 내 본래의 모습이라고 했다. 아내와 딸은 나의 마음속 이야기를 다 듣고 나자 한동안 말이 없었다. 갑자기 숙연해졌다.

'텁쎄기'라는 말의 정확한 뜻을 찾을 수는 없었다. 아내와 나의 같은 고향인 전라남도 남부 해안지방의 사투리임에 틀림없는데, 지금은 거의 사용하지 않는 말이다. 사전에 있는 가장 비슷한 말은 '덥석(텁석)'이 있다. '왈칵 달려들어 움켜잡는 모양'을 뜻하는 '덥석'이 경음화하여 '텁썩'이 되었고 어미에 '이'를 붙여 사람을 뜻하는 말로 '텁쎄기'로 변화되어 사용된 것으로 보인다. 풀이하면 '갑작스러운 행동으로 잡거나 놓치면서 놀라게 하는 사람' 쯤으로 해석된다.

아내는 그 일이 있고 난 뒤부터 더 이상 '텁쎄기'라는 말을 입 밖에 내지 않는다. 이제는 어디서도 영영 그 말을 들을 수 없으니 시원하기도 하고 섭섭하기도 하다. '텁쎄기'라고 쉽게 나를 규정해 버렸던 그 한마디가 없었다면 나는 어떤 삶을 살았을까? 비록 가식과 허위가 있을지라도, 내가 아닌 다른 사람이 되고자 노력했던 많은 시간들이 헛된 것이 아니었으면 좋겠다.

고향

몸길이 고작 26cm인 작은 새가 2천 km 넘는
머나먼 거리를 산 넘고 바다를 건너
목숨을 걸고 힘겨운 날갯짓으로 날아오는 것이다.
그리고 가을이면 남쪽으로 돌아가기 위하여
또다시 험난한 여행을 해야 한다.
일 년이면 두 번씩 삶의 터전을 옮기며 긴 이동을 한다.

꾀꼬리의 체내에 지도가 새겨져 있듯이
사람의 마음속 지도에도 고향이 자리 잡고 있다.
고향은 삶이 처음 시작된 곳이며,
한 생명체로 온전하게 독립하여 살아갈 수 있도록
성장하며 삶의 방식을 익히고 체득하여
육체와 정신이 준비되는 곳이다.
고향은 자아의 근원이 형성되는 곳이다.

5월 15일 꾀꼬리가 또 찾아왔다. 매년 이맘때면 집 앞 공원 숲으로 꾀꼬리 한 쌍이 날아와서 이 나무에서 저 나무로 서로 앞서거니 뒤서거니 하며 마치 우리 부부에게 금슬을 자랑이라도 하려는 듯 봄 숲을 누비고 다닌다. 자기들이 이 숲에서 제일 아름다운 새라며 화려한 자태를 마음껏 뽐낸다. 꾀꼬리는 몸통과 날개는 노란색이고 머리와 꼬리는 검은색이며 부리는 붉은색이다. 노란색이 어찌나 밝고 화려한지 초록색 나뭇잎과 대비되어 더욱 선명하게 눈에 띈다.

그런가 하면 꾀꼬리의 울음소리 또한 아름답기 그지없다. 꾀꼬리 울음소리는 다양하다. "휘 휴이유 휘이유 휘이유", "삐유 삐유우 삐유삐유 삐유우", "삐삐리 피휘이유" 사람의 소리로는 흉내 낼 수도 없고 글자로도 표현하기 힘든 아름다운 소리를 낸다. 새들은 아침 일찍 동이 트는 무렵부터 소란스럽게 울어댄다. 아침에 잠에서 깨면 집 안까지 온통 새들의 울음소리가 들려온다. 여러 종류의 새들 중에서도 꾀꼬리 울음소리는 가장 맑고 청량하며 상쾌한 아침을 시작하게 해 준다.

신기하게도 꾀꼬리는 매년 꼭 한 쌍이 찾아온다. 5월이면 이곳 숲으로 와서 둥지를 지어 알을 낳고, 새끼가 다 자라면 이 숲을 떠난다. 꾀꼬리는 우리나라에서 봄, 여름을 보내고 새끼를 번식하여 가을이면 따뜻한 남쪽 지방으로 간다. 중국 남부와 베트남 등 인도지나 반도에서 겨울을 보내고 봄이 되면 고향을 찾아오듯이 전에 왔던 곳으로 돌아온다. 몸길이 고작 26cm인 작은 새가 2천 km 넘는 머나먼 거리를 산 넘고 바다를 건너 목숨을 걸고 힘겨운 날갯짓으로 날아오는 것이다. 그리고 가을이면 남쪽으로 돌아가기 위하여 또다시 험난한 여행을 해야 한다. 일 년이면 두 번씩 삶의 터전을 옮기며 긴 이동을 한다.

 꾀꼬리가 우리나라에 와서 번식을 하는 가장 중요한 이유는 먹이 때문이다. 5월이면 산은 초록 잎이 무성하고 벌레들이 알에서 나와 애벌레로 자라고 또 성충이 되는 시기이다. 여름으로 접어들면 버찌, 보리수 등 새들이 좋아하는 열매들이 익기 시작한다. 먹이가 충분한 봄, 여름은 새끼들을 키우기 위한 최적의 조건이 된다. 또한 우리나라는 북위 30°에서 북위 40° 사이에 있기 때문에 여름이라고 해도 적도 근처에 있는 나라만큼 덥지 않아서 새들이 살기에는 적당한 날씨가 된다. 꾀꼬리는 수만 년, 수십만 년 동안 그들의 생존을 위해 최선의 삶의 방식을 체득하여 대대로 전해지고 유전자로 저장되어 계절의 변화에 따라 가장 안전하고 살기 좋은 지역으로 이동하며 살아가게 되었다.

 계절에 따라 지역을 이동하며 사는 새들은 철새라고 부르고, 한 곳에서 터를 잡고 사는 새들은 텃새라고 부른다. 봄, 여름이면 우리나라를 찾아오는 대표적인 여름 철새는 꾀꼬리와 파랑새이다. 꾀꼬리와 파랑새는 색깔이 대조적이면서도 매우 아름다운 새이다. 짙은 코발트빛 파랑새도 이 공원 숲에 찾아왔다. 이들이 중국 남부 지방에서 우리나라까지 이동하는데 무려 수 천 km를 날아와야 하고 넓은 바다를 건너야 한다. 가장 멀리 나는 새로 알려진 도요새는 만 km를 시속 70km의 속도로 쉬지 않고 일주일 동안 날아 이동을 한다고 한다. 꾀꼬리는 며칠 동안 날아서 우리나라에 오는지는 잘 알 수 없지만 서해바다를 건너야 하는 위험한 모험을 해야 할 것이다. 바다 위에서 폭풍우를 만날 수도 있고 난기류를 만나 방향을 잃거나 때로는 도중에 바다에 떨어져 목숨을 잃을 수도 있다.

 꾀꼬리가 봄에 우리나라로 이동을 시작할 때는 계절풍인 남동풍이 부는 시기를 이용한다. 시속 50km 속도로 부는 대기권의 계절풍을 이용하면 힘을 절약하며 바람을 따라 날아올 수 있다. 새들은 타고날 때부터 체내 시계와 방향 정보가 유전적으로 프로그램되어 있어서 언제 이동을 시작하고 어느 방향으로 날아야 할지 본능적으로 알게 된다. 그리고 한번 이동을 완수하면 체내 지도를 갖게 되어 가본 적이 있는 곳과 현재 위치를 알게 된다. 그래서 우리 집 앞 숲으로 찾아오는 꾀꼬리 한 쌍은 마치 여기를 고향으로 여기며 매년 봄이면 잊지 않고 찾아오는 것 같다.

 7월이 되자 꾀꼬리 새끼가 태어났는데 안타깝게도 새끼는 한 마리밖에 보이지 않는다. 새끼가 세 마리는 태어날 것으로 예상했는데 아쉽다. 두 달여 동안 둥지 주변에서 왔다 갔다 하던 꾀꼬리 어미들이 새끼가 태어나자 세 마리가 함께 숲을 멀리 날아다닌다. 지금부터는 부지런히 벌레를 잡아먹고 열매를 먹으며 살을 찌워서 몸에 지방을 축적시켜야 한다. 가을에 부는 북서 계절풍을 타고 다시 남쪽나라로 먼 길을 떠나려면 엄청난 에너지가 필요하다. 그래서 몸에 지방을 최대한 저장하여야 하며, 그 지방을 태워서 목적지까지 날아가면 지방과 근육이 빠져서 몸무게는 거의 절반으로 줄어드는 고된 여정을 하게 된다.

새들도 사람도 고향은 참으로 소중한 곳이다. 그래서 죽을 때까지 잊지 못하는 곳이며 언젠가는 다시 돌아가고 싶은 곳이다. 꾀꼬리의 체내에 지도가 새겨져 있듯이 사람의 마음속 지도에도 고향이 자리 잡고 있다. 고향은 삶이 처음 시작된 곳이며, 한 생명체로 온전하게 독립하여 살아갈 수 있도록 성장하며 삶의 방식을 익히고 체득하여 육체와 정신이 준비되는 곳이다. 고향은 자아의 근원이 형성되는 곳이다.

나는 오랜 시간 잿빛 도시와 소란한 인파에 섞여 마음의 고향을 잃어버리고 살아왔다, 꾀꼬리가 고향 숲으로 찾아와 새끼를 낳고 기르듯이 나도 고향을 찾아가 잃어버린 내 자아의 근원을 찾아보아야겠다. 비록 꾀꼬리처럼 새끼들을 낳고 기르는 위대한 일은 아닐지라도 메말라버린 사랑 한 조각이라도 찾아보아야겠다. 그곳에 가면 어린 시절 나를 키웠던 외할머니의 사랑을 다시 느껴볼 수 있을 것만 같다. 남쪽 바다가 있는 고향은 멀지만 꾀꼬리가 고향을 찾아오는 먼 여행길에 비하면 400km 정도야 그야말로 '조족지혈'이 아닐까.

까치집

까치는 벌써 한 해를 살아갈 목표를 세웠나 보다.
까치들은 짝을 맺고
한 겨울인 1월이 되면 집을 짓는다.
2월에는 부부는 사랑을 할 것이다.
3월 초순이 되면 알을 낳고
20여 일 지나면 새끼들이 태어난다.
4월 한 달 동안 암컷과 수컷은 교대로
먹이를 물어 날리며 새끼들을 키워서
5월이면 새끼들과 함께 둥지를 떠난다.

새해가 시작되었다. 기대와 희망으로 새해를 맞았지만 나는 아직 뚜렷한 계획을 세우지도 못한 채 일주일 내내 이런저런 생각에 잠겨있었다. 그때 창 밖 공원의 참나무 위에 까치 한 쌍이 집을 짓고 있는 광경이 눈에 들어왔다.

까치는 벌써 한 해를 살아갈 목표를 세웠나 보다. 새해가 시작되자마자 까치들이 집을 짓고 있었다. 까치집의 크기로 보니 벌써 며칠째 집을 짓고 있었던 모양이다. 저 들은 얼마나 소중한 꿈과 희망이 있기에 저렇게 새 해 벽두부터 열심히 집을 지을까.

아침 일찍 일어나 거실 너머 공원을 살피면 까치들은 벌써 집 짓는 공사를 하고 있다. 마치 건설 현장 노동자들이 새벽에 일을 시작하는 것처럼 저들도 아침 일찍부터 오전 내내 집을 짓는다. 부지런히 둥지와 산을 날아다니며 마른 가지를 물어 와서 위로 쌓아 올리고 옆으로 붙이고 부리로 꾹꾹 누르며 둥그렇게 모양을 잡아간다. 둥지를 이쪽저쪽으로 기웃거리며 입으로 나뭇가지를 잡아 빼고, 다른 나뭇가지는 밀어 넣고, 이리저리 옮겨 다니며 허술한 곳은 없는지 살피고 또다시 나뭇가지를 빼고 밀고 누르기를 반복한다. 사람들이 집을 지을 때, 벽돌 한 장 한 장을 수평과 수직을 맞추어가며 쌓고 미장을 하는 것과 같다.

집 짓는 광경을 관찰하기 시작한 지 일주일쯤 지난 아침이었다. 까치집이 어제와 다른 모습이 되었다. 둥그렇게 잘 다듬어진 둥지가 타원형으로 변하고, 원래 있던 자리에서 한 뼘 정도 밑으로 가라앉아있었다. 간밤에 바람이 불어 둥지가 밑으로 내려앉으면서 모양이 흐트러진 모양이다. 아마도 둥지를 지탱해 주는 참나무의 가지들과 촘촘하고 짜임새 있게 결구되지 않았던 것 같다. 부실공사가 되어 집을 못 짓고 다른 곳으로 떠나버리면 어쩌나 걱정이 되었다. 하지만 까치들은 걱정도 팔자라는 듯이 조금도 거리낌 없이 공사를 진행해 갔다. 칠월칠석날 은하수 양쪽에 있는 견우와 직녀 두 별이 만나서 사랑을 나눌 수 있도록 까마귀와 까치가 날개를 펴서 오작교를 만들었으니 까치집 짓는 정도야 새 발의 피일 것이다. 까치집은 다시 둥그렇고 예쁜 모양이 되고 공사가 얼마 남지 않은 것 같은데 그래도 여전히 부지런히 가지를 물어오고 다듬고 가꾼다. 이제는 내부 인테리어가 남았는지 까치들은 교대로 집 안을 들락날락한다.

까치집은 지붕이 뚫려 있는 형태가 아니라 지붕이 덮여 있고 출입구는 옆으로 낸다. 까치들의 내밀한 모습까지 염탐하고 싶었으나 아쉽게도 까치집의 출입구를 우리 집 쪽이 아닌 반대쪽으로 내는 바람에 그들의 집 내부를 엿볼 수가 없다. 사람이 사는 아파트가 있는 쪽이 아닌 숲 쪽으로 출입구를 만든 까치들의 생각을 존중해 줄 수밖에 없다. 그들도 사생활 보호가 필요할 테니까.

까치들이 집을 짓는 목적은 오직 새끼들을 낳아 기르기 위한 것이라고 한다. 까치들은 짝을 맺고 한 겨울인 1월이 되면 집을 짓는다. 2월에는 부부는 사랑을 할 것이다. 3월 초순이 되면 알을 낳고 20여 일 지나면 새끼들이 태어난다. 4월 한 달 동안 암컷과 수컷은 교대로 먹이를 물어 날리며 새끼들을 키워서 5월이면 새끼들과 함께 둥지를 떠난다. 저들도 오전 오후 시간이 있고 일 년을 살아갈 연중계획서가 있나 보다. 여름이 되면 그들은 계획대로 각자의 삶을 자유롭게 살아갈 것이다.

까치들이 정성 들여 집을 짓는 모습을 보니, 무려 40년 전 우리 부부가 까치들처럼 단란하게 살았던 때가 떠오른다. 결혼을 하고 얻은 신혼집은 단칸방에 아주 비좁은 부엌이 딸려 있었다. 방에는 장롱도 화장대도 없었다. 놓을 자리가 없었기 때문이다. 그 집에서 첫 아이가 태어났다. 보름달처럼 환한 아들은 집안을 환하게 밝혀주었다. 나는 먹이를 물어 나르는 어미 까치처럼 매일 출근을 하며 열심히 일했다. 2년이 지나자 아파트를 분양받아서 이사를 갔다. 13평 아파트는 방이 두 개에 부엌과 거실까지 있었다. 엘리베이터가 없는 5층 아파트였지만 계단을 오르는 것 마저 행복을 오르는 것 같았다. 아파트에서 500m 거리에 부산 다대포 해수욕장이 있었다. 아이 손을 잡고 세 사람이 드넓은 백사장을 우리 집 마당처럼 걸었다. 에어컨도 선풍기도 없는 여름이면 창문을 열어 시원한 바람을 맞고, 밤이면 파도소리가 자장가처럼 들렸다. 우리는 그 집에서 사랑을 나누며 아이를 키우는 것 외에는 더 이상 필요한 것이 없었다. 13평의 집에서 마음만은 130평이었다.

산다는 것은 이사를 다니는 것인가? 13평에서 18평으로, 다음에는 25평, 그다음에는 33평으로 이사를 가게 되었다. 평수가 넓어질수록 헛된 욕심도 늘어났다. 집은 고유한 의미를 잃고 부동산이 되어 재산 증식의 수단으로 얼굴이 바뀌어 갔다. 때로는 투기라는 얼굴을 하고 여기저기 기웃거리기도 했다.

아내와 나는 숲을 유난히 좋아한다. 그래서 숲이 보이는 이 아파트를 떠나지 못하고 있다. 500만 년 전 인류가 숲에서 나와 넓은 들판으로 삶의 터전을 옮기고 숲을 멀리하며 살게 되었다. 그러나 나에게는 아직도 숲에서 살던 먼 조상들의 유전자가 남아 숲을 그리워하고 있는지도 모른다. 숲에서 가족을 이루기 위해 노력하는 까치들의 모습을 보면서 자연 속에서 서로 사랑을 나누며 소박한 삶을 살아가는 까치들이 부러워진다.

새 해 집 앞 참나무에 나타난 까치가 올 한 해 좋은 소식을 가져다주려나 보다. 까치가 유난히 큰 소리로 울어댄다. 결혼을 하고 아이들을 낳고 키우던 그때처럼, 저 까치들처럼 비록 작은 25평 우리 집이지만 오래도록 사랑이 넘치고 행복이 자라나는 보금자리가 되었으면 좋겠다.

텃밭 그리고 1.5°

그래서 우리는 텃밭에 무단침입자가 있어도
도둑이 들었느니,
누가 훔쳐갔느니 하는 말은 사용하지 않기로 하였다.
그렇다 우리는 기부를 한 것이다.

지은 지 30년 된 주택들이 빽빽이 밀집되어 있고, 그 주택들은 고갯길로 된 좁은 골목길을 마주 보고서 작은 창문들이 서로에게 사각형의 인사를 하고 있다. 빈틈이라고는 전혀 없을 것 같은 알찬 도심의 한가운데 남겨진 100평 남짓 공터가 있었다. 이 도시만큼이나 오래된 쓰레기와 잡초가 우거져 있었고, 여름에는 모기들이 고향처럼 안주하고 있는 사람의 땅이 아닌 잡초와 쓰레기와 모기들의 땅이 있었다.

이 땅의 주인에게 허락을 받아서 텃밭으로 가꾸는 작은 프로젝트를 기획하였다. 이름하여 '내손내식(食) 텃밭' 프로젝트이다. 적어도 야채는 내 손으로 가꾸어 내가 먹겠다는 것이다. 7명의 지인들이 의기투합하여 잡초를 거둬내고, 쓰레기를 치우고, 울타리를 만들었다. 나중에 자투리땅이 남아서 동네 할머니 두 분에게도 무료로 배분해 드렸다.

이른 봄부터 가꾸기 시작한 내손내식(食) 텃밭은 새신랑의 머리처럼 가르마도 선명히 두둑과 고랑으로 나누어지고, 면도한 얼굴처럼 풀 한 포기 없는 말끔한 텃밭으로 탈바꿈되었다. 울타리는 코스모스 모종을 심는 것으로 대신하였다. 말뚝을 박아 인공적인 경계를 만드는 것은 동네에 대한 예의가 아닌 듯싶었다.

우리 집 텃밭은 4개의 이랑을 만들었다. 2개의 이랑에는 고추를 심었다. 고추는 봄부터 가을까지 계속 열매를 맺고, 풋고추와 익은 고추를 먹을 수 있어서 많이 심어도 좋은 작물이다. 빨갛게 익은 고추는 말려서 고춧가루를 빻아 김장에도 사용할 생각이고, 가을에는 김장 배추를 심어서 김장을 하면 그야말로 내손내식(食) 김장이 될 것이다.

　나머지 2개의 이랑에는 상추, 쑥갓, 청경채, 열무, 그리고 오이 2그루, 가지 3그루, 호박 3그루를 심었다. 그런데 아내는 땅을 조금 남겨 놓더니 그곳에 참깨 씨를 뿌렸다. 참깨는 텃밭과는 어울리지 않는 작물이라며 만류했더니, 참깨 꽃이 보고 싶어서란다. 참깨의 순백의 하얀 꽃을 보고 자란 어린 시절을 떠올리고 싶어서 일거다. 이렇게 하여 텃밭은 내손내식(食)뿐만 아니라 추억을 되새김질하는 곳이 될 것이다.

　아홉 집의 텃밭마다 심는 작물은 대체로 비슷비슷한데, 우리 텃밭에 심은 작물에 더해 들깨와 방울토마토와 고구마, 참외, 옥수수 등 다양한 작물들이 심어졌다. 우리 텃밭에 없는 작물은 옆집에서 주고, 옆집에 없는 작물은 우리 텃밭에서 주며 서로서로 나누어 먹는다.

　상추는 조금만 심어도 봄부터 여름까지 풍족하게 먹을 수 있다. 나는 매일 상추를 먹기 바쁘다. 매일 먹어도 상추는 잎이 계속 나오고 그 속도를 따라잡을 수가 없다. 아내는 상추를 여기저기 나누어 주느라 또 바쁘다. 같은 아파트 홀로 사는 할머니, 친구네, 동생네, 아들네, 직장에 까지 가지고 간다. 바로 따서 바로 먹는 상추는 씹으면 줄기와 입에서 특유의 진액과 수분이 나오고 아삭함이 살아 있어서 사서 먹는 상추와는 맛을 비교할 수 없다. 그래서 우리 집 상추는 제철 특수를 톡톡히 누리고 있다.

드디어 오이와 호박, 가지가 커지자 아내가 축제를 하겠다고 한다. 이른바 '내손내食 함께합시다.'이다. 일요일 낮, 텃밭 가장자리에 자리를 잡고 앉았다. 비록 텃밭 식구들끼리 조촐한 자리이지만 어떤 잔치보다 풍성하였다. 집집마다 오이, 가지, 호박, 고추, 상추, 그리고 담근 열무김치를 가져오고, 아내는 호박 부침개를 부쳤다. 아내의 부침개 맛은 내가 인정하는 맛이다. 그날의 음식 주인공은 단연 호박 부침개였다. 비법은 이렇다. 부침가루와 튀김가루를 1:1로 하여 묽은 반죽을 한다. 반죽에는 소금과 설탕을 넣고 맛을 낸다. 호박은 채로 썰어서 반죽에 넣는다. 이것을 30분 이상 냉장고에 넣고 숙성을 시킨다. 맛의 가장 핵심은 튀김가루를 넣는 것과 반죽 숙성이다. 그래야만 적당히 바삭하고 졸깃졸깃하다. 음식은 모두 텃밭에서 기른 것이고 막걸리가 추가되었다. 그 흔한 삼겹살도 없지만 모두 맛있고 행복하고 서로에게 감사하였다.

텃밭은 간혹 무단침입자가 들어와 오이, 호박 등을 따가는 듯싶다. 텃밭을 처음 시작하던 해에 호박 2개가 탐스럽게 자라던 것을 보고 첫 수확에 들떠 하루하루 커나가는 것을 지켜보고 있다가 드디어 수확을 하러 텃밭에 간 아내는 크게 실망을 하였다. 어제까지만 해도 탈 없이 잘 있던 호박이 없어진 것이다. 사람들이 많이 다니는 골목길 옆에 울타리도 없는 밭이니 능히 그럴 수 있을 것이다. 우리는 누군가를 위하여 기부를 했다고 생각하자고 했다. 마치 첫물을 고수레(고시래) 하듯이. 지금도 종종 자의 반 타의 반 기부는 계속된다.

  텃밭은 우리의 몸과 마음까지도 건강하게 하는 것 같다. 약을 치지 않는 것 하며, 먹을 만큼만 따서 바로 먹으니 싱싱하고 살아있는 맛을 느낄 수 있어서 더욱 건강한 느낌이다. 아는 사람은 물론이요, 모르는 사람들과도 나누어 먹는(본의는 아니지만) 너그러움을 가질 수 있어서 마치 큰 자선이라도 베푸는 기분이 든다. 그래서 우리는 텃밭에 무단침입자가 있어도 도둑이 들었느니, 누가 훔쳐갔느니 하는 말은 사용하지 않기로 하였다. 그렇다 우리는 기부를 한 것이다.

  우리가 텃밭을 가꾸는 또 다른 마음들이 있다. 내손내식(食)은 건강한 먹거리를 위한 것만이 아니고 환경을 생각한 작은 실천이다. 우리의 식탁에 오르는 모든 식재료는 많은 에너지가 사용된다. 아무리 가까운 곳에서 재배되었다고 하여도 매장에 오는 과정에는 운송에 드는 에너지를 사용해야 한다. 또한 매장에서는 저온을 유지하기 위해 에너지가 사용된다. 외국에서 수입해 오는 수많은 과일, 육류 등은 먼바다를 건너 배를 타고 온다. 바나나 한 개에도 많은 에너지가 필요해진다.

  그동안 편리함과 소비의 자유를 누리는 삶이 자유롭다고 느끼고 살아왔다. 그러나 마트와 인터넷을 이용한 편리한 소비생활은 욕구를 끝없이 부추기며 절제를 마비시켰다. 비록 작은 텃밭이지만 단순하고 검소한 삶이 진정한 자유와 소소한 행복을 가져온다는 것을 이 작은 텃밭으로부터 배우고 있다.

이미 지구는 산업화 이후 100년 동안 1° 이상 기온이 상승하였다고 한다. 지구 평균 기온의 상승을 1.5° 이내로 하기 위한 노력은 우리가 사는 지구를 살리고 우리도 사는 길이라고 한다. 작은 텃밭으로 탄소 제로는 요원하겠지만 아파하는 지구를 위한 작은 노력은 미래를 위한 아름다운 실천이 될 것이다.

파래는 파래 맛이 나고,
감태는 감태 맛이 난다

파래는 파래서 파래라고 했나.
파래와 비슷한 해조류에는 감태뿐 아니라
해조류의 대표 격인 '김'이 있고
요즘 들어 각광받고 있는 '매생이'도 있다.
김, 매생이, 파래, 감태는 해조류의 4총사라고 할 수 있다.

그나저나 오늘 저녁에는 시장에서
매생이 한 덩이 사가지고 와서
입천장이 데도록 매생이국이나 끓여 먹어야겠다.

"파래는 파래 맛이 나고, 감태는 감태 맛이 난다."
아내와 둘이서 밥을 먹으며 내가 이런 말을 하자 아내는 재미있다는 듯이 웃는다. 평소 같으면 싱거운 농담이라고 핀잔이라도 줄만 한데 웃어주는 데는 그만한 이유가 있다. 아내와 나는 파래와 감태가 어려서부터 매우 친근한 음식이다. 파래와 감태의 그 생김새와 색깔과 맛, 요리법 등을 잘 알고 있다. 그래서 당연한 말을 하는데도 파래와 감태의 미묘한 맛의 차이를 생각하며 즐거워한다.

파래지와 감태지가 오늘 아침 밥상에 나란히 올라왔다. 파래지는 시장에서 파래를 사 와서 아내가 손수 담그고, 감태지는 아내가 고향에서 식당을 하는 후배가 직접 만들어서 판매하는 것을 주문하여 택배로 왔다. 아내와 나의 같은 고향인 남쪽 바다가 있는 강진에서는 파래와 감태를 김치로 담가 먹는다. 김치 하면 배추김치와 무김치, 갓김치를 떠올리지만 뭐니 뭐니 해도 우리나라의 대표음식인 김치에는 200여 가지의 김치 종류가 있다고 한다. 채소 종류를 소금물에 절여서 발효시킨 음식인 김치는 옛날에는 '물에 담근다'는 뜻으로 '지'라고 불렀다. 그래서 오늘날에도 배추지, 묵은지, 오이지 등으로 부르고 있다. 파래와 감태도 김치로 담가 냉장고에 두고 오래 먹을 수 있다.

파래지는 파래를 소금과 장으로 간을 맞추고 쪽파와 삭힌 고추를 조금씩 넣어서 담그고 냉장고에서 3일 정도 숙성시킨 후 먹으면 된다. 감태지 담그는 법도 같은데 양념이나 파

같은 부 재료를 많이 넣으면 오히려 재료 본연의 맛을 해치게 된다. 요즘 식당이나 인터넷에서 보면 파래지는 없고 파래에 식초를 치고 무를 썰어 넣고 무침으로 만들어 먹는 파래무침만 볼 수 있는데, 식초를 넣는 파래무침은 발효식품이 아니다. 파래지와 감태지는 숙성이 되면서 파래와 감태의 향과 식감이 부드러워지고 감칠맛이 난다.

파래는 파래서 파래라고 했나. 파래의 색깔은 초록색에 가깝다. 파래와 비슷한 해조류에는 감태뿐 아니라 해조류의 대표 격인 '김'이 있고 요즘 들어 각광받고 있는 '매생이'도 있다. 김, 매생이, 파래, 감태는 해조류의 4총사라고 할 수 있다. 이들은 서로 색깔이 비슷비슷하다. 제일 푸른색을 띠는 것이 파래이고, 김은 짙은 갈색 계통인데 언뜻 보아 검은색으로 보인다. 매생이와 감태도 파래와 비슷한 푸른색을 띠고 있다. 색깔만 비슷한 것이 아니라 모양과 맛과 영양성분도 비슷비슷하다. 마치 얼굴과 성격이 닮은 고만고만한 4형제 같다.

이들 4형제는 비슷한듯하면서도 제 각기 독특한 맛을 자랑한다. 가장 바다의 냄새를 진하게 풍기는 것은 파래이다. 파래는 향이 강하고 약간 쏩쓰레한 맛을 낸다. 식감도 가장 거친 편이다. 파래의 강한 향과 쏩쓰레한 맛은 단 맛과 기름기에 맛 들인 사람들에게는 매우 신선한 자극을 주는 맛이다. 이에 비해 감태는 쏩쓰레한 맛은 비슷하지만 파래보다 향이 적고 식감이 매우 부드럽다. 그리고 자세히 맛을 음미하면 단맛을 볼 수 있다. 그래서 이름을 달다는 뜻을 지닌 감태(甘苔)라고 하였다.

감태는 말려서 먹기도 하고 전을 부쳐 먹기도 하는데, 가장 맛있게 먹는 방법은 역시 감태지로 먹는 방법인 것 같다. 감태지는 주로 가장 추운 겨울인 1월에 생산되는 감태로 만들어 먹어야 좋다. 혹독한 추위가 기승을 부릴 때의 감태가 가장 부드럽고 모양이 곱다. 이 시기가 지나면 성장하면서 거칠어지고 맛도 떨어진다. 한 겨울에 냉장고에서 시원한 감태지를 꺼내 먹으면 입맛이 개운해지고 머릿속까지 맑아지는 느낌이다. 특히 기름진 고기나 비릿한 생선을 먹고 바로 감태지 한 젓가락만 먹어도 입안에 느끼함이 거짓말처럼 싹 가신다. 그러면 다시 고기를 먹어도 느끼함을 덜고 또다시 감태지를 먹고 다시 고기를 먹게 되는 것이다.

겨울이면 가장 먹고 싶은 음식은 매생이 국이다. 매생이가 전국적으로 많은 사람에게 알려진 것은 비교적 최근 일이다. 내가 태어나고 자랐던 곳인 강진은 완도와 바다를 같이 하고 있는 곳으로 완도 고금도 바다에서 채취한 매생이를 겨울이면 국으로 끓여 먹곤 하였다. 지금은 매생이가 많이 알려져서 양식재배를 하고 있지만 그 당시에는 김양식장에 붙은 매생이가 김의 품질을 나쁘게 한다고 하여 버리는 천대받았던 해조류였다. 그곳 지역의 일부 사람들만이 그 맛을 알고 그것을 채취하여 별미로 먹었던 특별한 음식이었다.

매생이국은 매생이에 굴을 넣고 부재료는 거의 넣지 않고 간을 맞추어 끓이고 참기름을 약간 두르고 먹으면 된다. 매생이국은 뜨거울 때 먹어야 제 맛을 느낄 수 있다. 국이 식어갈

수록 맛이 떨어진다. 그래서 솥에서 막 나온 매생이국을 먹다가 입천장이 덴 적이 많았는데, 그것을 알면서도 뜨거울 때 먹느라 자주 데곤 했다. 매생이국은 뜨거워도 김이 잘 보이지 않는다. 그래서 모르는 사람은 겁 없이 먹다가 입천장을 홀딱 벗기고 만다. 매생이국은 걸쭉하게 끓여야 맛이 있는데 걸쭉한 매생이의 밀도 때문에 잘 식지도 않는다. 그래서 미운 사위에게는 솥에서 막 끓은 뜨거운 매생이국을 내놓는다는 말이 있는데, 얼마나 미웠으면 입천장을 홀딱 벗기고 아파하는 사위를 보고 고소해했을까.

겨울이면 파래, 감태, 매생이, 김을 먹으며 아주 먼 옛날로 돌아간다. 파래는 바닷가 바위와 돌에 붙어있고, 감태는 뻘밭에서 자란다. 50여 년 전, 내가 어렸을 적 마을의 아낙네들은 썰물이 되면 장화를 신고 차가운 바닷물에 들어가 파래와 감태를 일일이 손으로 채취했다. 한 겨울 추위에 얼굴이 빨갛게 얼고 손발이 부르트도록 바닷물에서 건져 올린 혹독한 노동의 대가(代價)로 얻어진 이들 해조류는 그 수고로움과 뛰어난 맛만큼의 가치를 인정받지 못하였다. 그 당시에는 식재료로써 대중화가 되지 않았기에 헐값으로 팔 수 밖에 없었다. 매생이 역시 마찬가지였다. 다행히 김은 귀하고 고급 식재료 취급을 받아서 김 재배는 꽤 쏠쏠한 수입이 되었다.

내가 초, 중등학교 시절에 외갓집 삼촌(외숙)은 김 양식을 하고 있었다. 김 양식은 남자가 배를 타고 나가 김 양식장 말뚝을 박고, 김발을 세우는 등 힘든 일을 하지만 대부분 부부가 같이 일을 나가거나 모든 가족이 함께하는 일이 많았다. 바다에서 김을 채취하여 오면 외숙모는 맨손을 찬물에 툼벙 담가서 물김을 떠서 사각형 김 틀에 부어 한 장 한 장 수작업으로 김을 만들었다. 이것을 양지바른 곳 햇볕에 말리고 다시 한 장 한 장 뜯어내어 100장을 한 톳으로 하여 공판장에 내다 팔았다. 지금도 살아계신 외숙모는 거북이 등처럼 갈라진 손등을 훈장처럼 자랑스럽게 내보인다. 4남매를 기르고 가르친 눈물겹게 아름다운 손이다.

아내가 담근 파래지는 지금은 식당에서도 구경할 수도 없는 맛이다. 고향에서 온 감태지 역시 고향 옛 맛 그대로이다. 갖은 식재료와 양념으로 입맛을 자극하는 음식이 넘쳐나는 세상이다. 그러나 자연의 맛을 그대로 간직한 순수한 맛이 점점 그리워지는 요즘이다. 자연 그대로의 맛, 바다의 맛을 온전히 느낄 수 있는 음식이 이 보다 더한 것이 있을까. 또한 음식에는 정이 있다. 우리는 음식을 맛으로만 먹는 것은 아닌 것 같다. 파래 한 줌, 감태 한 줌을 얻기 위해 차가운 바닷물에 수도 없이 담갔을 시린 손들. 할머니, 어머니가 만들어준 옛 맛 그대로 이어져서 이제는 아내가 만들어 주는 추억과 사랑이 담긴 파래지와 감태지, 그리고 입천장을 데이며 먹었던 매생이국 한 그릇은 오래된 많은 사람들을 떠올리게 한다.

그나저나 오늘 저녁에는 시장에서 매생이 한 덩이 사가지고 와서 입천장이 데도록 매생이국이나 끓여 먹어야겠다.

소금부부

독가스인 염소(Cl)와 폭발성이 강한 나트륨(Na)이
만나면 어떻게 될까요?
첫째, 염소의 독가스가 나트륨을 녹여버린다.
둘째, 나트륨이 염소와 만나 폭발해 버린다.
정답은 '염소와 나트륨이 만나면 사랑에 빠진다.'이다.

독가스인 염소(Cl)와 폭발성이 강한 나트륨(Na)이 만나면 어떻게 될까요? 첫째, 염소의 독가스가 나트륨을 녹여버린다. 둘째, 나트륨이 염소와 만나 폭발해 버린다. 정답은 '염소와 나트륨이 만나면 사랑에 빠진다.'이다.

염소(Cl)는 기체 상태로 존재하는 화학물질로서 독성이 강하며 신체에 닿을 경우 염산으로 변하여 심각한 화상을 입을 수 있다. 농축된 염소 가스는 치명적인 무기로 사용되기도 한다. 나트륨(Na)은 금속물질로서 물에 닿으면 열을 내며 폭발한다. 그러나 염소(Cl)와 나트륨(Na)이 만나면 우리에게 너무나 친숙하고 우리가 살아가는데 없어서는 안 되는 염화나트륨(NaCl) 즉, 소금이 된다. 염소와 나트륨이 만나면 서로를 녹여버리거나 폭발시키지 않고 화합하여 전혀 다른 성질의 소금이 되어 사람은 물론이고 모든 동물들의 생명의 필수 성분이 된다.

도서관에서 물리학 책을 읽다가 염소라는 물질의 성질이 어쩌면 나와 그렇게도 닮았는지 그 독한 가스에 친밀감을 느꼈다. 염소처럼 나의 본성은 혼자 있으면 고요한 호수처럼 조용한 사람이다. 어디까지나 내 생각이겠지만 누군가가 나를 건들지만 않으면 세상에 없는 평화로운 사람이다. 그러나 간혹 세상은 나를 가만 놔두질 않는다. 그럴 때면 얼굴색이 변하고 보이지는 않지만 속에서는 심술이 요동을 치며 뭔가를 녹여버리고 싶은 충동을 느낀다. 이내 조용해지기도 하지만 때로는 부글부글 소리를 내며 녹아내린다. 결국 상처를 입히고, 상처를 받는다. 가장 가까이 있는 사람이 가장 많은 상처를 입는다. 바로 가족이다. 나는 세상으로부터 받은 상처를 죄 없는 가족에게 돌려주곤 했다. 그러나 가족은 위험한 독가스 같은 사람을 가정이라는 안전한 용기 안에서 사랑이라는 물질로 순화시켰다.

내가 처음 아내를 만났을 때였다. 우리는 결혼 적령기가 되어 결합하기를 좋아하는 원자들처럼 천생연분의 원자를 꿈꾸고 있었다. 염소인 나에게 가장 훌륭한 원자는 나트륨이고 다음은 칼륨, 마그네슘이다. 아내는 성격이 순하며 솔직하고 담백한 성격에 내숭 떠는 사람은 아니었다. 하고 싶은 말은 하는 친화력이 좋은 사람이었다. 그때는 미처 몰랐지만 나에게는 엄청난 행운이었다. 나트륨을 만난 것이다. 그렇게 우리는 소금부부가 되었다.

나트륨은 다른 물질과 반응하기를 좋아하는 친화력이 좋은 물질이다. 혼자만 존재하는 경우는 드물고 다른 원자와 결합하여 화합물 형태로 대부분 바닷물 속에 존재한다. 폭발성이 강한 물질이지만 염소와 결합하기를 좋아해서 대부분 염화나트륨 형태로 존재하며 급한 성격을 버리고 소금으로 환골탈태하여 모든 생명체로부터 사랑받는 물질로 거듭났다.

살아갈수록 아내는 딱 나트륨을 닮았다. 생각했던 것 이상으로 성격이 급하고 직선적이다. 너무 솔직해서 거짓말 할 줄 모르고 말을 적당히 돌려서 할 줄도 모른다. 그러나 사람을 좋아해서 처음 보는 사람도 금방 사귄다. 그리고 한번 친구가 되면 오래도록 연락하며 만나고 관계를 소중히 여긴다. 그러나 나트륨처럼 갑자기 폭발할 때가 있는 것이 유일한 흠이다.

그 폭발이란 것도 사실은 저 혼자 폭발하는 것은 아니어서 상대에 따라서 폭발한다. 물론 나 때문이다. 나 아니면 폭발할 일 없이 친절한 사람으로 남을 텐데, 나 때문에 속이 타들어 가지 않으면 폭발하는 일이 많았다.

천생연분을 꿈꾸던 우리였지만 함께 한 오랜 시간 동안 많은 사소한 다툼과 의견차이도 많았다. 아내는 사과와 같이 신 과일을 좋아하고, 나는 신 과일은 질색이다. 아내는 아이들에게 하나에서 열까지 참견하고 알려주어야 하고, 나는 자기들 알아서 하라고 한다. 아내는 이런 나를 무관심이라고 타박을 하고, 나는 자율성을 길러야 한다고 주장을 한다.

우리는 서로 다른 환경과 가정교육을 받고, 다른 성격과 가치관을 지녔다. 다름을 쉽게 인정하려 하지 않았다. 그러나 아내의 지나친 참견과 잔소리는 대부분 소소한 다툼이고 어쩌면 사랑의 다른 표현이지만, 얌전한 척 은밀하고 응큼하게 조용히 저지르는 나의 엉뚱함은 다름을 인정하지 않는 불만의 다른 표현이었고 가족에게는 많은 상처를 남기기도 하였다.

오랜 시련의 시간을 보내고 나서야 쓴맛과 불순물이 빠져나간 소금처럼 우리 부부의 삶의 모습도 점차 순하고 부드러운 맛으로 변해가고 있다. 우리는 완벽히 결합된 소금부부를 꿈꾼다. 생명을 지속시키고 음식의 맛을 내며 부패를 막고 세상을 정화시키는 소금처럼 세상에 한 줌 소금이 되기를 희망한다. 'Cl+Na=Love'가 되는 날 우리는 진정한 소금부부가 될 것이다.

애기똥풀 사랑

아버지는 무슨 말을 하고 싶었을까?
그토록 오랫동안 못다 한 말이 무엇이었을까?
아버지는 분명 마지막으로
나에게 무슨 말을 남기려고 하였던 것이었다.
비를 맞으며 애처롭게 몸을 부르르 떨고 있는
애기똥풀을 보며 불현듯 떠올랐다.
"아들아 사랑한다."

일요일 아침이었다. 보슬보슬한 봄비가 아침부터 촉촉이 내리고, 숲은 점점 농익어가고 있었다. 5월 중순에 피는 아카시아꽃이 5월이 시작되자마자 보름이나 일찍 피기 시작하고 방울방울 한 꽃잎들이 벌어지니 향기가 집안까지 스며들었다. 아내는 성당 미사에 가자고 한다. 일요일이니 지당한 말이나 나는 공원에 가겠다고 했다. 아내는 황당한 표정이다. 비를 맞으며 굳이 숲으로 들어가겠다는 나를 알 수 없다는 듯이 쳐다본다. 따가운 시선을 뒤로하고 공원 숲으로 들어섰다.

봄비가 숲 속에 떨어지는 소리가 정겹다. 후드둑후드둑 소리를 내며 널따란 떡갈나무 잎으로 떨어져 내린다. 나뭇잎들이 빗물에 씻겨 초록이 더욱 짙어졌다. 촉촉한 황토 흙길을 밟으니 부드러움이 발바닥으로 전해온다. 평화로운 마음으로 참나무 숲을 지나 아카시아꽃이 피어있는 곳으로 향하고 있었다. 숲 저 쪽 한편에 키 작은 풀숲이 자리한 가장자리에 노랗고 작은 꽃들이 무더기 무더기로 피어있었다. 평소에도 자주 지나다니는 길이었고 이름 모를 작은 꽃들이 피었다 지고 또 피었다 졌지만 눈길을 주지 않던 곳이었다. 비가 오고 있기 때문이었을까? 왠지 노란 풀꽃들이 선명하고 아름다운데 어쩐지 애처로워 보였다. 그냥 지나치려다가 가까이 다가갔다. 작은 꽃들이 마치 나에게 와서 보라고 손짓하는 것 같았다.

그곳에는 엄지손톱만큼이나 작은 애기똥풀 노란 꽃들이 귀여운 아기들처럼 피어있었다. 빗방울이 잎에 한 방울 떨어질 때마다 온몸을 바르르 떨었다. 그 옆에서도 바르르, 그 옆에서도 바르르 몸을 떨었다. 마치 빗방울 리듬에 따라 애기똥풀이 군무라도 하는 것처럼 작은 풀숲에 파동을 일으켰다. 나는 느닷없이 일요일 아침 숲 속에서 애기똥풀의 멋진 공연을 관람하고 있었다. 애기똥풀 주변 둘레에는 다른 풀들도 있었다. 애기똥풀에게 중심부 자리를 내주고 둑새풀, 큰새포아풀, 서양개보리뺑이 등 이름을 잘 알 수 없는 풀들이 가장자리에 자리를 잡고 애기똥풀 군무를 관람하고 있었다. 다른 풀들도 나름대로 수수한 꽃을 머금고 있었지만 그날의 주연은 단연 애기똥풀이었다.

애기똥풀꽃은 화려하거나 눈에 잘 띄는 꽃은 아니다. 옆에 있어도 지나치기 쉬운 작은 풀꽃이다. 잘 알아주지도 않고 관심을 가져주지도 않는, 있는 듯 없는 듯, 그러나 봄이면 우리 주변에서 흔하게 볼 수 있는 꽃이다. 나는 한동안 이 작은 풀꽃에 마음을 빼앗기고 비를 맞고 서있었다. 불현듯 이 풀꽃이 꼭 나를 닮았다는 생각이 들었다. 동병상련의 아픔 같은 것이 느껴졌다.

꽃이든 사람이든 화려하고 눈에 띄고 인정받기를 원한다. 애기똥풀이 그런 것처럼 나에게도 화려함이나 눈에 띄는 삶의 순간이 없었던 것 같다. 나 자신을 드러내 보이고 싶은 욕망과 자신 없어하는 소심함 사이에서 항상 주저하였다. 이 소심함은 도대체 어디에서 연유한 것일까? 나는 애기똥풀을 바라보며 이런 생각에 잠겨있었다.

나는 어린 시절 아버지를 매우 어려워하였다. 아버지는 6.25 한국전쟁에 학도의용군으로 참전하여 전투 중에 부상을 당하였다. 그 부상의 후유증으로 항상 건강이 좋지 않았다. 초등학교 교사로 근무하면서 퇴근 후 집에 돌아오면 매우 지쳐있었고 아버지 머리맡에는 항상 약봉지가 놓여있었다. 몸이 허약하자 신경이 예민하였고 아이들이 시끄럽게 하거나, 눈에 거슬리는 행동을 하면 화를 내시곤 하였다. 나와 동생들은 아버지 눈치를 살피는 일이 버릇이 되었고 이것은 나의 내성적이고 말 없는 아이로 자라게 된 큰 이유였던 것 같다. 맏이인 나는 동생들이 장난을 치거나 소란을 피우면 아버지의 신경을 거슬리게 할까 보아 긴장하게 되고 아버지가 우리 때문에 힘들어하면 내 탓처럼 더욱 움츠러들었다.

아버지는 점점 건강이 회복되어 가고 동생들이 커 나가는 것을 보며 웃음 띤 얼굴을 자주 보이며 집안 분위도 밝아지고 우리도 자유로워졌다. 그러나 나는 여전히 아버지를 대하는 데는 어려웠다. 내가 어른이 되고 나도 아버지가 되었지만 나와 아버지와의 사이에는 대부분 침묵이 흐르고 어색함이 여전했다. 때로는 의도적으로 아버지를 멀리하기도 했다. 아버지는 이런 나를 간혹 미안한 듯해하기도 하고, 오히려 나를 어려워하기도 했다. 그러나 나는 그런 아버지에게 데면데면하게 대했다. 내심 반항심이 작용했는지 모른다. 어린 시절의 나를 생각하며 그때의 상처를 이제는 내가 되돌려주며 반사적으로 쾌감을 얻으려고 했던 것일 수도 있다.

아버지가 폐렴으로 병원에 입원하였다는 연락을 받고 병원으로 갔다. 아버지는 잦은 폐렴으로 몇 차례 입원을 하였는데 이번에는 산소호흡기를 끼고 있었다. 말을 할 수도 없는 상태였고 통증 때문에 투여된 약으로 잠에서 완전히 깨어나지를 못하였다. 아버지는 어렵게 나를 보더니 자꾸만 입술을 움직이려고 하는 것 같았다. 그리고 몸을 움직이며 말 대신 무엇인가를 표현하려고 하는 것 같았다. 아버지가 잠에서 깨면 다시 만날 생각을 하다가 면회가 끝났다. 그러다가 이틀 만에 아버지가 돌아가셨다.

애기똥풀도 꽃말이 있을까? 빗속에서 애기똥풀을 한없이 바라보다가 꽃말을 찾아보았다. 애기똥풀의 꽃말은 '몰래 주는 사랑'이었다. 나는 애기똥풀을 보며 관심도 사랑도 받지 못하고 있는 듯 없는 듯 드러나지 않는 이 풀꽃이 나를 닮았다고 생각하였는데, 애기똥풀이 닮은 것은 바로 아버지의 사랑이라는 것을 뒤늦게 깨달았다. 아버지가 나에게 무관심하거나 사랑하지 않는 것이 아니었다는 것을 살아가면서 조금씩 알고는 있었지만, 과묵함과 병약한 몸으로 가족을 책임져야 하는 중압감 속에 감춰진 아버지의 무거운 사랑을 나는 알아내지 못하고 있었던 것이다. 일제강점기 시대에 태어나 6.25 한국동란을 겪으며 부상으로 학업까지 중단해야 했던 불운하고 궁핍했던 한 시대를 살아왔으며 많은 가족을 부양해야 하는 고단한 삶을 살아야 했던 아버지의 고뇌를 알아내는데 까지 참으로 많은 시간이 흘러버렸다.

아버지가 산소호흡기를 낀 채로 무엇인가 말을 하려 했던 얼굴 표정과 몸을 뒤척이던 모습을 지금도 잊을 수 없다. 아버지는 무슨 말을 하고 싶었을까? 그토록 오랫동안 못다 한 말이 무엇이었을까? 아버지는 분명 마지막으로 나에게 무슨 말을 남기려고 하였던 것이었다. 비를 맞으며 애처롭게 몸을 부르르 떨고 있는 애기똥풀을 보며 불현듯 떠올랐다.

"아들아 사랑한다."

아버지가 그랬던 것처럼 애기똥풀이 애써 몸을 떨며 전해주려 했던 것은 아버지의 깊고 깊은 사랑이 잘 보이지 않았을 뿐이라고 말해 주고 있었다. 몸을 돌려 나오는 나에게 애기똥풀이 자꾸 말하는 것 같다. 아들을 사랑한다고.

지도 공원의 봄

어쨌거나 봄을 즐겨야 한다.
이 봄이 가고 나면 일 년이라는 긴 시간을 기다려야
하니 있는 봄을 다 품어 안고
이 팍팍한 세상에서 메말라가는 감정선을 고조시키고
딱딱하게 굳어가는 마음 안에 꽃향기라도
불어넣어 말랑말랑하게 만들어 놓아야 한다.
그래야지 일 년을 버티어 갈 여유와 평화,
그리고 누군가를 사랑할 온기를 채울 수 있을 테다.

지도공원에 꾀꼬리가 찾아왔다. "휘유 휘유 휘이이유우우" 이렇게 들리기도 하고, "쀼이유 쀼이유 쀼 삐이이유우" 이렇게 들리기도 하고, 꾀꼬리 울음소리는 다양하게 들린다. 청량한 울음소리는 아침이 밝아오는 동트는 무렵부터 요란하게 시작한다. 이른 아침이면 꾀꼬리며 까치, 멧비둘기, 그리고 이름 모를 새들이 한꺼번에 운다. 아파트와 공원 숲이 아주 가까이 붙어있어서 새소리를 녹음이 가능할 정도이다. 나보다 먼저 아침 일찍 일어나는 부지런한 새들의 울음소리와 녹음이 짙어진 5월의 나무들 사이로 자유롭게 날아다니는 새들을 구경하며 아침을 맞는다.

지도공원은 우리 동네의 옛 이름을 따서 만들었다. 80년대 도시가 개발되기 전에는 조그마한 산이었는데 주변에 아파트가 들어서면서 공원으로 조성되어 도시 한가운데에서 맑은 산소를 공급하는 허파 구실을 톡톡히 하고 있다. 사람들은 휴식과 운동을 즐기고, 다양한 나무와 꽃과 곤충을 만나고 자연과 함께할 수 있는 소중한 공간이다.

3월이 시작되면 앙상한 나무 가지에 붙은 겨울눈이 점점 부풀어 오른다. 이때가 되면 가지들은 점점 불그스름한 빛과 푸르스름한 빛을 더해가고 겨울눈 속에서는 잎과 꽃이 제 색깔을 만들며 밖으로 나올 준비를 하고 있다. 봄이 시작되는 것이다. 지도공원에서 제일 먼저 피는 꽃은 산수유 꽃이다. 다음으로 진달래와 개나리가 피어나고 예정대로라면 4월 10일쯤 벚꽃이 피는데 작년과 올해에는 연달아 3월 말경에 꽃이 피기 시작하였다. 아마도 벚꽃은 3월에 피는 꽃으로 시기를 바꾸어야 할 판이다.

　벚꽃뿐이 아니다. 봄에 피는 모든 꽃들이 예정일을 앞당겨 핀다. 4월 꽃은 3월에 피고 5월 꽃은 4월에 피고 6월 꽃은 5월에 핀다. 중학교 때 교과서에서는 5월을 노래하며 '라일락 향기 가득한 5월'이라고 했던 기억이 난다. 그러나 지금은 4월에 피어서 4월에 지고, 5월에는 라일락꽃을 구경할 수가 없다. 내가 자주 다니는 공원 산책로 옆에 산수유나무가 있고 그 옆으로 라일락 몇 그루가 있는데 5월의 정취를 느끼기도 전에 라일락 꽃 향기는 사라져 버린다. 아카시아 꽃도 5월 중하순에 피는데 5월 중순에 다 져버렸다. 6월에 피는 장미도 지금 한창이다. 아무래도 이젠 내 기억과 계절에 대한 감수성도 전면 수정에 들어가야 할 모양이다.

　어쨌거나 봄을 즐겨야 한다. 이 봄이 가고 나면 일 년이라는 긴 시간을 기다려야 하니 있는 봄을 다 품어 안고 이 팍팍한 세상에 메말라가는 감정선을 고조시키고 딱딱하게 굳어가는 마음 안에 꽃향기라도 불어넣어 말랑말랑하게 만들어 놓아야 한다. 그래야지 일 년을 버티어 갈 여유와 평화, 그리고 누군가를 사랑할 온기를 채울 수 있을 테다.

　벚꽃이 흐드러지게 피고 동시에 벚꽃이 이리저리 바람에 날리는 공원 잔디 광장에 갔을 때였다. 생 후 1년 정도의 다섯 명의 아기들이 잔디 위에 자리를 깔고 나란히 나란히 앉아 있었다. 키도 똑같고 얼굴도 비슷비슷해서 다섯 쌍둥이인줄 알고 자세히 보니 아이들 주변에 다섯 명의 아기 엄마들이 서 있었다. 엄마들은 각자 스마트폰으로 아기들 사진을 찍으며 아기들을 웃게도 하고, 자세를 바꾸어 주기도 하고, 아기들이 서로 얼굴을 마주 보게 하기도 하고, 기어 다니게 하기도 하면서 서로 깔깔 웃으며 행복한 모습이었다. 마치 다섯 아기 천사와 같은 모습을 먼발치에서 한참을 바라보다가 나도 스마트폰으로 몰래 아기들 사진을 찍었다. 사람이 꽃보다 아름답다는 말은 이제 식상한 것 같다. 사람은 얼마든지 그 무엇보다 아름답고, 때로는 천사가 될 수 있고, 성인도 될 수 있다는 것을 그 아기들을 보면서 생각한다.

광장 벤치에는 젊은 남녀 한 쌍이 서로 나란히 앉아 있었다. 가끔 서로 얼굴을 맞대기도 하고, 어깨를 올리기도 하고, 껴안기도 하고, 무릎에 머리를 베고 눕기도 하며 무엇이 그렇게 좋은지 꼭 붙어서 떨어질 줄 모르고 있었다. 나는 부러운 마음으로 또 한참을 멀리서 보고 있었다. 봄은 이렇게 곳곳에서 사람들의 언 몸을 녹이고 마음을 녹이며 세상의 아름다움을 볼 수 있게 하고, 사랑할 수 있도록 하고 있었다.

나이가 지긋한 할아버지 할머니들도 게이트볼 경기에 여념이 없고, 젊은 사람들은 테니스장에서 팽팽한 다리 근육으로 뛰어다니고, 청소년 학생들은 농구코트에서 왁자지껄 떠들며 슛을 쏘아댄다. 공원 한쪽 편에는 애완견을 데리고 와서 어른 아이 강아지 할 것 없이 같이 뛰어놀고, 서로 강아지 자랑이 한창이다. 지도공원의 봄은 활기에 넘쳐있다. 휴일을 맞아 사람들이 공원으로 모여들고, 공원은 마치 일상에 지친 사람들에게 에너지를 공급해 주는 거대한 발전소 같다.

 사람들 틈에 끼어 트랙에서 한 시간 동안 운동을 마치고 숲 속으로 들어왔다. 갖가지 나무들이 서로 다른 모습으로 하늘의 빛을 향해 서 있다. 유려한 곡선으로 등이 굽은 소나무, 듬직한 참나무, 바람에 이파리를 쉼 없이 살랑거리는 키 큰 미루나무, 꽃을 피우려고 꽃자루가 나오고 있는 밤나무, 그 숲 속으로 난 산책길에서 맨발로 산책하는 사람, 신발을 신고 다니는 사람, 강아지를 끌고 다니는 사람들이 저마다의 방법으로 운동을 하고 사색을 즐기기도 한다.

 갈수록 숲 속에 난 산책길이 점점 넓어지고 있다. 사람들이 점점 많아지고 맨발로 걷는다며 길을 넓히고 빗자루로 낙엽과 거친 흙을 싹싹 쓸어버린다. 또 자꾸만 새로운 길을 낸다. 길이 많아지고 넓어지고 깨끗해지면 사람들은 편리해서 좋겠지만 나무들은 어떨까. 나무들은 뿌리를 드러내고 태풍에는 뽑히고 자라날 땅은 좁아지고 땅은 더욱 딱딱해지고 있다. 사람들은 나무들 생각은 하지 않는다. 오로지 사람들 생각뿐이다. 지구를 독점 사용할 권리라도 받은 것처럼 행세한다. 화석 연료를 남용해서 이산화탄소를 대량 방출하여 대기권에 온실가스층을 만들어 지구를 온실로 만들어 버린 사람들 때문에 지구는 온난화로 몸살을 앓고 있고, 나무들은 그 이산화탄소를 흡수하고 맑은 산소를 내뿜어 사람이 살 수 있게 하는데도 그 고마움을 모르고 있다. 봄꽃들이 앞 당겨 피고, 우리는 계절감각을 상실하며 이제는 봄마저 잃어버릴까 걱정이다. 5월, 지도공원의 봄은 활기가 넘치고 또한 아프게 지나가고 있다.

아름다운 얼굴

"험난했던 일들이 우리들의 삶에 거름이 되어
화사한 꽃밭을 일구어 내고
알찬 열매를 맺을 수 있기를"

- 이정하, 「험난함이 내 삶의 거름이 되어」

아침에 눈을 뜨면 아내는 거실에 조용히 앉아 어김없이 기도를 하고 있다. 아침이 시작되기 전부터 아침보다 이른 하루를 시작한다. 그런 아내가 웬일인지 오늘은 일어나질 않고 있다. 오늘은 쉬는 날이기는 하지만, 쉬는 날에도 새벽 5시면 일어나는 아내가 평소와는 달랐다. 햇살이 창문 틈으로 들어와 살포시 얼굴에 내려와 있는데 아내는 여전히 일어날 기미를 보이지 않는다. 나는 살짝 걱정스러운 마음이 들어 자세히 얼굴을 살폈다. 또 어디가 아프지 않은지? 아니면 무슨 근심거리라도 생긴 건지?

아내는 베개에 머리를 옆으로 파묻고 숨소리도 들리지 않게 누워있었다. 헝클어진 머리카락 사이로 보이는 얼굴에는 삶의 고단함이 지우지 못한 화장처럼 스며있었다. 무거운 고단함을 베고 자는 아내의 모습을 물끄러미 바라보며 내 마음도 무거워진다. 살이 빠진 얼굴은 어느덧 잔주름이 몰라보게 생겼고 군데군데 검버섯도 보인다. 화장기 하나 없고 탄력을 잃은 아내의 맨 얼굴을 보면서 알 수 없는 슬픔, 그리고 오랜 세월 겹겹이 쌓인 후회와 회한이 파도처럼 밀려와 포말이 되어 가슴을 덮친다.

내가 처음 시작한 직업은 공무원이었다. 그 당시 내 또래들이 선망하던 부처의 인기가 높았던 곳이었다. 새내기 공무원 시절 결혼을 하고 첫 아이를 낳고 마냥 행복한 신혼생활이 이어졌다. 단칸방에서 시작하여 2년 만에 작은 아파트를 분양받을 수 있었다. 첫 아이가 아장아장 걸음을 걸을 때 두 째

아이도 생겼다. 첫 아이는 아들이고 두 째는 딸이었다. 그러나 마냥 행복하기만 하여야 할 신혼 생활에 직장 생활은 항상 불편하였다.

그 당시 공무원은 박봉이었다. 하지만 내가 근무하던 곳은 적은 봉급을 다른 수단으로 채우는 부조리가 성행하고 있었다. 일단 그 조직에 들어간 이상은 그곳의 생리에 맞게 처신해야 한다. 그렇지 않으면 무능한 사람으로 낙인찍히게 마련이다. 봉급 이외의 수입을 탐내는 마음도 불편하지만 그런 수입을 마련하여 윗사람을 접대해야 하는 문화에 익숙하지 않은 나에게는 견딜 수 없는 일이었다.

어느 날 감사원이라는 곳에서 감사가 왔다. 그때 감사원 공무원이 그렇게 부러울 수가 없었다. 윗사람 눈치 보지 않고 소신껏 일하는 것 같은 당당한 모습이 바로 내 모습이어야 한다고 생각했다. 나는 얼마 후 감사원 공무원이 되기 위해서 사표를 냈다. 감사원 공무원 시험을 보기 위해서는 직급이 두 계단이나 높아서 별도로 공부를 더 해야 했다. 그때는 야망이 있고 용기 있는 결정이라며 나 자신을 부추겼지만 수입이 끊기고 아이가 있는데다가 임신까지 한 아내에게는 많은 고통을 안겨주게 되었다.

아내는 입덧을 심하게 하며 힘들어했는데 나는 공부에 빠져있어서 아내 혼자 이겨내고 있었다. 우리에게 시련은 그렇게 시작되었다. 경제적인 어려움은 가족들 모두에게 결핍을 주었다. 결핍은 몸과 마음을 힘들게 하고 오래도록 마음 아픈 기억을 남겼다.

운이 나빴던 것일까. 그해부터 감사원 시험이 없었다. 결국 2년 만에 감사원이 아닌 다른 곳에 합격하였다. 직급은 두 계단 높아졌지만 여전히 박봉이었다. 아내는 공무원이 좋아서 결혼했는데 항상 부족한 생활비 때문에 아내도 생활전선에 뛰어들었다. 아이 키우랴 살림하랴 고단한 하루하루가 계속되었다. 아내는 나보다 더 생활력이 강하고 친화력이 좋고 천성이 부지런하여 무슨 일이든 잘 해내고 여기저기 참견하고 챙기며 어려운 일을 해결해 나갔다.

아내에게는 희생과 헌신이라는 미덕이 어린 시절부터 가정교육으로 몸에 배어 있다. 우리 가족의 크고 작은 일은 물론이고 시댁의 일까지 기억하고 챙긴다. 무심한 나를 대신하여 마치 자신이 어떤 어려움도 맨손으로 척척 해결하는 TV 주인공 '맥가이버'라도 되는 듯 모든 일을 해결해 나갔다. 자신의 일만으로도 힘들 텐데 꿋꿋하게 이겨내는 힘이 어디서 나오는지? 그것은 가족을 위한 끝없는 사랑이었다.

결혼 35주년을 맞아 아내에게 편지를 썼다. 성당에서 '혼인갱신식'이라는 행사가 있었고 나는 대표로 아내에게 '사랑의 편지'를 읽었다. 아내의 얼굴을 소재로 한 편지는 아내를 모처럼 많은 사람들 앞에서 웃게 만들었다.

35년 전이었지요.
당신을 처음 보았을 때는 새 봄에 피어나는 진달래같이
연분홍 얼굴빛 고운 소녀였는데
오랜 세월 속에서
때로는 힘들고 슬픈 일이
때로는 견디기 어려운 고통의 날들이 많았습니다.
하지만 당신은
가족을 위해 희생하고
사랑으로 감싸고 견디어냈습니다.
어느덧 이렇게 주름진 얼굴이
마음을 한없이 아프게 하지만
험난했던 일들이 우리들의 삶에 거름이 되어
화사한 꽃밭을 일구어 내고
알찬 열매를 맺을 수 있기를 기도합니다.
지금은 백세시대
당신을 만나기 전 30년을 살았고
당신을 만나 35년을 고생시키며 살았으니
앞으로 35년은 행복하게 살아요.

 시계는 벌써 아침 8시를 향하고 있다. 나는 조용히 일어나 부엌으로 나갔다. 아내에 대한 미안하고 복잡한 감정을 덜어보기라도 할 심산으로 아침밥을 준비하려고 하는데 아내가 눈치를 채고 부엌으로 나왔다. 아내는 아무 일도 없는 듯 명랑하게 아침 일을 시작한다. 어느새 얼굴에는 언제 그랬느냐는 듯이 그늘이 사라지고 밝게 웃는다. 화장을 하지 않아도 예쁜 얼굴이고, 사랑이 담긴 웃음이다. 주름진 얼굴, 검버섯이 불현듯 자리를 차지하는 얼굴이지만 나에게는 세상에서 가장 아름다운 얼굴이다. 아내의 얼굴에는 우리들의 삶이 발자국처럼 남아 작은 역사가 되어 나에게 말해 준다.

더욱 사랑하라고.

아버지 그리고 6.25

1950년 6월 24일 아버지는 토요일 수업을 마치고
곧장 서울역으로 왔다.
기차를 타고 시골 고향 집으로 가기 위해서다.
서둘러도 오늘 안으로 남쪽 끝 강진의 바닷가 마을
고향 집에 도착하기는 어려울 것이다.

1950년 6월 24일 아버지는 토요일 수업을 마치고 곧장 서울역으로 왔다. 기차를 타고 시골 고향 집으로 가기 위해서다. 서둘러도 오늘 안으로 남쪽 끝 강진의 바닷가 마을 고향 집에 도착하기는 어려울 것이다. 기차에서 밤을 새우고 새벽에 광주에 도착하면 다시 버스를 갈아타고 몇 시간을 달려가야 하고 버스에서 내리면 또다시 10리 길을 걸어가야 집에 도착할 수 있다. 나라 전체가 가난하고 교통은 발달되지 않아 기차라고 해봐야 완행열차가 '칙칙폭폭 칙칙폭폭' 느릿느릿한데다 기찻길은 외길이라 상행선과 하행선이 교차할 때는 역에서 한참 동안 정차했다가 가곤 했던 시절이다. 요즈음 KTX 기차에 비하면 마치 옆집에 마실 가듯이 느러터진 속도로 산과 들판을 지나갔을 것이다. 그때로서는 멀고 먼 여정이었다.

    그때 아버지는 고등학교 2학년이었다. 아직 여름방학은 한 달이나 남았다. 그런데도 부득부득 집에 가려고 하는 데는 간절한 사연이 있었으니 그것은 배고픔 때문이었다. 한창 잘 먹고 잘 커나가는 왕성한 시기에 두 끼로 하루를 때우기 일쑤였다. 하루 네 끼를 먹어도 시원찮을 나이에 두 끼로 매일매일 하루를 버티다가 드디어 한계에 다다른 것이다. 수중에는 돈도 떨어지고 배는 고프고 겨우 기차표만 구해서 갈 수 있었다. 배에서는 시도 때도 없이 '꼬르륵꼬르륵' 소리가 났다고 한다.

    아버지가 천신만고 끝에 집에 도착하니 할아버지랑 할머니랑 아버지의 형제인 큰아버지, 고모들, 가족들 모두 놀라워

하였다. 그러나 그중에 한 사람만은 매우 당황해하였다. 그도 그럴 것이 할아버지가 아버지에게 생활비를 보내라며 큰아버지에게 돈을 주었는데, 큰아버지는 직접 우체국에 가지 않고 다른 사람에게 주었고 그분은 그 소중한 돈을 써버렸던 것이다. 또한 아버지는 서울에서 할아버지의 동생인 작은할아버지 집에서 침식을 하며 학교를 다녔는데, 작은할머니가 아버지에게 밥을 주지 않아서 굶을 때가 많았다고 한다. 작은할머니는 밥을 주지 않고 용돈은 중간에서 가로채었으니 아버지는 밥도 끊기고 돈도 끊기는 신세가 되고 말았던 것이다.

고향 집에 내려온 날 저녁 무렵 동네 이장은 마을 사람들에게 북한군이 탱크로 38선을 밀고 들어와 서울까지 진격하고 있다는 소식을 알렸다. 공교롭게도 아버지는 6·25 한국전쟁을 피하여 하루 전날 미리 피난을 오게 된 셈이다. 아버지는 그렇게 하여 서울에서 전쟁을 맞닥뜨리지 않았지만 학업은 전쟁이 끝난 뒤에도 더 이상 할 수 없게 되고 말았다. 전쟁은 아버지가 꿈꾸었던 꿈과 희망을 물거품으로 만들었으며 오래도록 아버지를 괴롭히고 절망하게 했다.

6·25 한국전쟁은 중공군이 개입함으로써 전세가 불리해지고 후퇴하기 시작하였고 아버지는 고등학생 신분으로 '학도의용군'으로 참전하게 되었다. 아버지는 낙동강전투 중에 지뢰 파편을 맞아 다리에 부상을 입고 부산 국군병원에 입원하였으나 지혈이 늦어져 생명이 위태로웠다. 다행히 오랜 투병 끝에 부상에서 회복이 되어 퇴원하여 집으로 돌아왔다. 그

러나 퇴원은 하였지만 몸은 예전 같지 않고 여러 가지 후유증으로 몸이 아프고 쇠약해졌다. 전쟁이 끝난 뒤에도 서울에서 학업을 계속할 수도 없었다. 이제 서울에서 숙식하며 지낼 곳도 없었고 시골 형편으로는 아버지를 뒷바라지해 줄 여력도 없었으며 아버지 역시 건강한 몸이 아니었다.

아버지는 학업을 포기하는 대신 초등학교 교사를 위한 단기간의 사범학교를 다녔고 초등학교 교사가 되어 평생 시골 고향에서 학생들과 함께 생활하였다. 그러나 아이들을 가르치는 수업 시간 중에도 어지러움으로 쓰러지기도 하여 병원에 실려 가는 일이 잦았다. 아버지는 항상 어딘가가 아팠고 항상 약이 곁에 있었다. 그런 와중에도 건강이 조금 좋아진다 싶으면 아버지는 무슨 책인지 책을 읽고 공부를 했다. 나중에 내가 아버지의 책을 살펴보니 그 책들은 국가가 시행하는 고등고시 시험 준비 서적들이었다. 그러나 아버지는 그것도 그리 오래가지 못하고 포기했던 것 같다. 학생들을 가르치며 공부를 병행하기에는 건강이 뒷받침되지 않았다. 아버지도 힘들었지만 어머니도 아버지를 뒷바라지하느라 힘들어하셨다. 어머니는 항상 아버지에게 신경을 곤두세우고 있었고 아버지가 좋아하는 음식을 해 주느라 애썼다.

아버지는 호기심이 많고 무엇인가를 새롭게 시도해 보는 것을 좋아하였다. 남들이 미처 생각해 내지 못한 아이디어를 내고, 그것을 만들거나 일을 벌이기를 자주 했다. 어머니는 그런 아버지가 불만이었지만 지금 생각해 보면 아버지는 당신의 욕구를 충족시키기 위한 하나의 방편이었던 것 같다. 아버지가 젊은 시절 품었던 높은 꿈과 기대를 펼쳐 보이지 못한 아쉬움과 실망감, 그리고 결핍감이 아버지를 공허하게 하고 괴롭혔을 것이다. 그것을 조금이라도 보충하기 위한 아버지의 아픔이 그 노력들 속에 숨어 있었다.

아버지가 학생들을 가르치고 퇴근하여 남는 시간이나 공휴일에 꼭 뭔가를 하였다. 몸이 피곤할 텐데도 당신이 하고 싶은 일이니 덜 힘들었던 모양이다. 꿀이 몸에 좋다고 하여 직접 꿀벌을 치기도 했다. 처음에는 꿀벌 한 통을 사 와서 시작했는데 매 해 봄이면 분봉(分蜂-꿀벌이 새끼를 낳아 수가 많아지면 새로 태어나는 여왕벌을 남기고 기존 여왕벌이 일벌 일부와 함께 집을 나가는 현상)을 하여 꿀벌은 해마다 늘어나 한때는 10통이 넘는 꿀벌을 키우기도 했다. 논농사와 밭농사도 조금씩 지었으며, 단감 재배가 막 보급되는 시기에 과수원을 만들고 감나무 묘목에 우수한 단감나무 접을 붙여 단감을 100그루나 재배하기도 했다. 야산에 밤나무도 심어서 밤도 따서 먹을 수 있게 되었고, 유자나무도 집 텃밭에 십여 그루 심어 유자를 따서 먹기도 하고 팔기도 하고 나누어 먹기도 하였다.

학교에서는 당신이 직접 그림을 그려서 교실 환경정리를 하였다. 아버지는 그림 공부를 전문으로 받은 적이 없지만 그림을 잘 그렸다. 글씨도 잘 쓰고 손과 머리를 써서 하는 모든 것을 잘했다. 운동도 잘해서 나는 방학이면 아버지 학급 교실에 있는 탁구대에서 아버지로부터 탁구를 배웠다. 또 철봉에 매달려 공중에서 한 바퀴씩 도는, 당시에 기계체조라고 하는 재주를 부리기도 하셨다. 재주 많고 총명하여 학교에서도, 집에서도, 농사일이나 무슨 일을 하든지 재기가 반짝거렸다.

내가 초등학교 다닐 때 아버지와 나는 같은 학교에서 나는 학생으로 아버지는 선생으로 있었다. 그 초등학교는 꽤 높은 산 밑에 자리하고 있었다. 산에서는 계곡물이 흘러 학교 옆으로 흘러내렸다. 아버지는 그 계곡물을 이용하여 학교 한쪽에 분수를 만들었다. 계곡물의 낙차를 이용하면 모터를 이용하지 않고도 자연스럽게 물이 솟구칠 수 있는 멋있는 분수가 되었다. 나는 친구들에게 우리 아버지가 만들었다고 자랑을 하곤 했다. 이 밖에도 미처 기억해내지 못할 만큼 많은 일들을 벌이고 손수 해내었다. 나는 맏아들로서 아버지가 하는 일을 거들어야 했다. 때로는 혼나며 귀찮아해 하며 따라 하다 보니 아버지가 했던 일들을 소상히 알게 되었다.

아버지는 매사에 정직하며 올바른 사람으로 기억되고 있다. 학부모들이나 마을 사람들은 선생님이라 부르며 훌륭한 교육자로 인정하였다. 시골 고향에서 학생들을 가르치며 농사를 짓고, 벌을 치고, 자연과 함께, 농부들과 함께 소박하게 살아가는 것이 어느덧 아버지의 삶이 되었다. 14살의 어린 나이에 집을 떠나 서울에서 중학교와 고등학교를 다니며 가졌던 청운의 뜻은 어디로 간 것일까. 아버지는 아들 딸 여덟을 낳고 열 식구 대가족을 이루며 자족하며 살아가게 된 것이다.

아버지의 나이가 40이 넘어가면서 건강도 조금씩 좋아지고 마음도 많이 편해져서 웃는 모습이 많아졌다. 학교 동료 선생님들은 모두 객지에서 와서 하숙을 하고 있었는데, 아버지는 선생님들을 초대해서 음식을 대접하는 일이 잦아졌다. 그중에서도 한 여름 팥죽을 한 솥 가득 쑤어 놓고 선생님들을 부르면 별 특별하지도 않은 음식이지만 매우 맛있게 먹고 행복해하였다. 아버지와 어머니는 객지에서 외롭게 지내는 선생님들과 함께 음식을 나누어 먹으며 흐뭇해하였다. 아버지가 늦게나마 소소한 행복을 찾고 생활하기까지는 많은 것을 단념하고 시대를 한탄하며 보낸 아픈 시간들이 있었을 것이다.

아버지는 하고자 하는 일은 뭐든 할 수 있다는 자신 있는 사람이었던 것 같다. 아버지가 남도 끝자락 강진에서 서울로 가서 남의 집을 전전하며 중학교를 다니게 된 것도 어렸을 때부터 남다른 자신감과 영특함이 있었기 때문이었다.

아버지는 초등학교 입학하기 전에 벌써 서당에 다녔다. 아버지의 4살 위의 형인 큰아버지가 서당에 다니고 있었는데 아버지는 형을 따라가서 서당 마당에서 흙장난을 하며 혼자 놀았다고 한다. 얼마 지난 뒤에 매일 혼자 마당에서 놀고 있는 아버지를 본 서당 훈장이 아버지에게 너도 방에 들어와 앉으라고 하면서 맨 끝에 자리를 마련해 주었다. 아버지는 나이가 훨씬 많은 형들을 제치고 제일 먼저 '하늘 천, 따 지, 가물 현, 누루 황' 하는 천자문을 제일 먼저 깨치고 실력이 월등하였다. 그러자 훈장 선생이 놀라서 할아버지에게 하는 말이

"이 놈은 보통 놈이 아니니 반드시 서울로 학교를 보내시오." 그리하여 초등학교는 시골에서 졸업을 하고 중학교를 그 어려운 유학 아닌 유학을 서울로 가게 된 것이다.

6·25 한국전쟁은 아버지의 꿈과 가족들의 기대를 꺾어버렸다. 전쟁으로 인해 아버지뿐만 아니라 많은 사람들이 죽거나 다치거나 이산가족이 되어 평온한 삶이 파괴되었다. 살아난 사람들은 다시 자신의 삶을 찾아 어떻게든 살기 위해 몸부림치고 새로운 꿈을 꾸며 살아갔다. 아버지도 마찬가지로 학창 시절의 꿈은 펼치지 못했지만 한 사람의 남편으로 그리고 아버지로, 학생들의 스승으로 고단한 삶을 묵묵히 살았다.

전쟁이 끝나고 70년의 세월이 훌쩍 지났고, 아버지가 세상을 뜬 지도 16년이 지났다. 현충일과 6·25 한국전쟁 기념일이 있는 6월이 오면 아버지가 잠들어 있는 호국원 국립묘지에 간다. 아버지는 지금 편안하신지. 그리고 아버지는 지금은 무슨 꿈을 꾸고 계실까. 아버지의 꿈과 같은 꿈은 아닐지라도 우리 아들딸들은 각자의 꿈을 꾸며 아버지와 닮은 모습으로 살아가고 있다. 아버지의 꿈은 우리의 가슴속에 살아있고 우리는 그것을 기억하며 오늘을 살아간다. 아마도 오늘 우리가 살아가는 삶이 아버지가 원하던 세상과 같은 세상일 것이다.

그래 선인장처럼 살자

자연이 주는 바람과 햇볕,
그리고 물 몇 방울만으로도 절제와 겸손으로
피어낸 선인장의 꽃이야 말로
세상의 어떤 꽃보다 아름다운 꽃으로 보였다.

한 송이 꽃을 피우기 위해
일 년 내내 자신의 모든 것을 다 쏟아내어 마침내
누군가에게 기쁨과 감동을 선사하고서는
당연한 것처럼 다시 고행으로 돌아간다.

토요일, 늦은 아침밥을 먹다가 베란다로 고개를 돌렸다. 밥을 먹을 때면 베란다 넘어 공원 숲을 바라보기 위한 의례 하는 습관이다. 그때 베란다 한쪽 귀퉁이에 선인장 꽃이 눈에 들어왔다. 거실로 쏟아져 들어오는 햇살에 반사된 선인장 꽃은 마치 화사한 화장을 한 여인처럼 아름다운 자태를 뽐내고 있었다. 더 이상 붉을 수 없이 붉디붉은 선인장 꽃은 장미의 색깔보다 더 화려하고, 선명한 루비보다 더 붉었다.

"선인장 꽃이 피었네."
나는 중얼거리듯 말했다. 먼저 식사를 마친 아내가 나를 빤히 내려다보며 나무라듯 말했다.

"당신도 참, 선인장 꽃이 핀 지 언제인데 이제 보았어요?"
평소에도 집안일에 무관심한 나에게 핀잔을 주는 아내이기에 나는 말없이 웃기만 했다. 나는 짐짓 모른 체하며 다시 말했다.
"선인장 꽃이 참 예쁘네."
"그래요. 두 달에 한번씩 물 한 방울 주는데 저렇게 예쁜 꽃을 피우다니 참 대단하지 않나요."
아내는 신이 나서 선인장을 칭찬하기에 바빴다. 나는 들릴 듯 말 듯 한 소리로 혼자 중얼거렸다.
"두 달에 한번씩, 물 한 방울······."
한 상 가득 반찬을 앞에 두고서 입맛이 없다며 게으른 숟갈질을 하고 있던 나는 밥을 먹는 내내 아내의 말이 귓가에서 맴돌았다. 내 앞에 차려진 밥상을 보면서 또다시 되뇌었다.
"두 달에 물 한 방울 먹는다고······."

아침밥을 다 먹고 선인장에게로 갔다. 키는 겨우 한 뼘 남짓, 몸통은 원통형에 온몸을 가시로 중무장을 하고서 베란다 한쪽 끝을 묵묵히 지키고 있었다. 몸통에는 무려 4백여 개의 볼록볼록한 융기들이 일정하게 솟아 있는데 그 융기마다 바늘 같은 날카로운 가시들이 각각 8개씩 질서 정연하게 꽂혀 있었다. 선인장은 몸통의 맨 위에 꽃 한 송이를 피우고 있었는데 오로지 한 송이 꽃을 피우기 위하여 자신의 몸이 가시투성이가 되도록 절차탁마(切磋琢磨)하는 선비의 모습을 하고 있었다. 누가 쳐다보지 않아도, 누가 관심을 주지 않아도, 그저 내 할 일은 일 년에 한 번 꽃 한 송이 피워내는 일이라며 의연하게 자기 자리를 지키고 있었다. 설사 제 때에 물을 주지 않아도, 목이 말라도 불평하지 않고 누구를 탓하지도 않고 그저 내 할 일은 세상에서 가장 아름다운 꽃을 피워 내는 일이라고 말없이 연마장양(鍊磨養長)하고 있었다.

조그맣고 볼품없는 몸통을 가진 선인장이 어떻게 이런 아름다운 꽃을 피워낼 수 있을까. 나는 신비로움에 사로잡혀 선인장을 만져보고 싶은 충동을 느꼈지만 날카로운 가시는 온몸에 빈틈을 허락하지 않았다. 누구의 손길도 외면한 듯 냉정하고 당당한 모습은 범접할 수 없는 위엄과 용맹함마저 느껴졌다. 세상의 어떤 유혹과 시류에도 휘둘리지 않고 결핍과 고독의 삶을 사는 수도자처럼 고결함마저 있었다.

아내가 옆으로 다가오며 말했다.
"여보 선인장에게 함부로 물을 주면 안 돼요."
"그래 알았어요. 그런데 분갈이는 언제 해? 분갈이하는 걸본 적이 없는데."

"선인장은 분갈이도 3년에 한 번만 하면 되는 거예요."

"그럼 거름은 안 줘요?"

"굳이 거름을 주지 않아도 돼요."

나는 계속 질문을 하고 아내는 신이 나 있었다. 그러고 보니 선인장과 나는 꽤 오랫동안 한 집에서 함께 살아왔었다. 오랫동안 내 눈 밖에 있었던 선인장이 비로소 내 눈으로 들어왔고 갑자기 호기심이 생겨났다. 나는 또 혼자 중얼거렸다.

"도대체 이 녀석은 뭘 먹고살지?"

선인장은 사막과 같은 건조하고 더운 기후에서 잘 자라는 식물이다. 그래서 집안에서 기를 때에는 습도가 높지 않은 것이 좋다. 선인장은 수분의 손실을 최소화하기 위해 잎의 광합성 기능을 줄기로 옮기는 한편, 잎을 가시로 만들어 방어 무기로 만들었고, 줄기는 물을 저장하는 저수조로 사용하여 사막에서도 살아갈 수 있는 그들만의 생존전략을 가지고 있다. 물이 부족하고 토양이 메마른 악조건 속에서도 적은 수분과 영양분만으로 생존하면서도 아름다운 꽃을 피워낸다.

나는 베란다 한쪽 모퉁이에 외롭게 놓여있는 선인장이 못내 마음에 걸려서 화분들이 모여 있는 가운데로 옮기자고 하였다. 그러자 아내가 말하기를, 선인장은 바람이 잘 통하는 곳을 좋아하고 고고(孤高)한 식물이라서 여러 가지 꽃 속에 있는 것보다는 홀로 떨어져 있는 것이 더 좋다고 한다.

"아, 그렇구나 어쩐지 혼자서 고고한 척하고 있더라니!"

나는 점점 선인장의 매력에 빠져 들고 있었다.

　토요일 오전 한가로운 시간을 선인장과 함께 보내면서 선인장과 나는 닮은 점이 많다는 것을 느꼈다. 조용하고 혼자 있는 것을 좋아하는 것도 그렇고, 왠지 쓸쓸해 보이는 것도 그렇고, 못생긴 모습도 그렇고, 그렇지만 내면에는 어떤 열정을 숨기고 있는 것도 그렇다. 그러나 나는 척박한 환경에서도 찬란한 꽃을 피워내는 선인장의 인내와 끈기를 닮지 못했다. 풍족함 속에서도 항상 알 수 없는 결핍을 느끼고 마음은 가난했다. 가치관과 정체성을 바로 세우지도 못했고, 삶의 목표는 흔들렸다. 세상을 기웃거리고, 맛있는 것을 찾아다니고, 잘난 척 나대였지만 나는 세상에 꽃 한 송이 제대로 피워 내지 못했다.

　자연이 주는 바람과 햇볕, 그리고 물 몇 방울만으로도 절제와 겸손으로 피어낸 선인장의 꽃이야 말로 세상의 어떤 꽃보다 아름다운 꽃으로 보였다. 한 송이 꽃을 피우기 위해 일 년 내내 자신의 모든 것을 다 쏟아내어 마침내 누군가에게 기쁨과 감동을 선사하고서는 당연한 것처럼 다시 고행으로 돌아간다. 좌고우면 하지 않고 오로지 한 곳만을 바라보며 시련과 결핍까지도 아름다움으로 승화시키는 경이로움에 나는 한참 동안이나 선인장 곁에 서 있었다.

　나는 선인장을 보면서 또다시 중얼거렸다.
　"그래 선인장처럼 살자! 그래 선인장처럼 살자!"

그래도 겨울이 있다

가지들은 두 손을 모으고 하늘을 향해 팔을 벌려
기도를 한다.
나무들은 고난과 시련과 기쁨과 환희의 순간을 보내며
한 뼘씩 키가 자라고
무성한 잎을 피우고 열매를 맺었다.
많은 것을 이루고, 많은 것을 비우고 나면
저렇게 경건해지는가 보다

"모든 것은 때가 있다. 태어날 때가 있고 죽을 때가 있으며, 심을 때가 있고 뽑을 때가 있다."
내가 좋아하는 성경 '코헬렛'에 나오는 구절이다. 초록색 빛나는 새 잎이 나올 때가 있고 빛바랜 낙엽이 되어 땅에 나뒹굴 때가 있다.

하루하루를 셈하지도 않는데 계절은 바뀌고 봄, 여름을 지나 가을이 깊어지는가 싶더니 오늘은 첫눈이 내렸다. 11월 중순, 아직 가을을 떠나보낼 준비도 못한 채 겨울을 맞이하여야 할 참이다. 나는 멀어져 가는 가을 끝자리 어디선가에 서성이며 겨울의 초입에서 발길을 망설이고 있다. 이제는 좋든 싫든 겨울을 맞이할 때가 된 것이다.

11월 첫날 새벽이었다. 잠에서 깼는데 목 안이 갑갑하여 화장실에서 침을 뱉었더니 피가 검붉게 응고되어 나왔다. 입을 헹구고 자리에 누웠는데 자꾸 뭔가가 목 안에서 올라오는 느낌이 들었다. 다시 화장실에서 목에 있는 것을 뱉었는데 이번에는 빨간 피가 세면대를 붉게 물들였다. 다시 뱉으면 또다시 나오기를 반복하였다. 몸 안 어디선가 출혈이 계속되고 있었다.

한 달 전에 협심증으로 관상동맥확장 시술을 하고 나서 협심증 약을 복용하게 되었다. 사람들은 그 약을 '피를 묽게 하는 약' 즉 '항응고제'라고 부른다. 혈관이 좁아지면 혈액순환에 문제가 생기게 되므로 피를 묽게 하여 혈액순환을 도와주는 역할을 하는 약이다. 그런데 그 약은 심각한 출혈을 일으키는 부작용이 생길 수 있다는 설명이 있었다.

직감적으로 위장 쪽에서 출혈이 생겼다고 짐작하고 응급실로 갔다. 응급실에서 지혈을 하고 입원을 하였다. 다음날 의사는 촬영한 CT 영상을 보니 위장이 아닌 폐에서 출혈이 있었다고 하였다. 그러고 나서 무려 48시간 금식을 한 후 기관지내시경 검사를 하고 출혈 부분의 폐를 식염수로 씻어내었다.

작년 9월부터 올해 11월까지 1년여 동안 병원에 입원을 5차례나 하였다. 수술과 시술도 5차례 하였다. 66년을 살아오면서 잔병치레는 많았지만 입원을 한 적이 없었는데 몸 여기저기에서 순차적으로 문제를 일으키기 시작하였다.

시작은 전립선비대증 수술이었다. 비교적 간단한 수술이라고 하는데도 신체의 일부를 도려내고 출혈을 하게 되면 얼마나 몸이 힘들어지는지 실감하였다. 어림잡아 예전의 몸으로 회복하는데 여섯 달 이상 소요되었다. 그다음은 다리의 통증과 저림, 그리고 보행 장애로 고생을 하였던 척추관협착증을 치료하기 위하여 비수술적인 방법인 시술을 두 번 받았다. 허리도 수술을 하여야 한다는 의사의 권유도 있었지만 연속적으로 수술을 받는 것이 두려워 간단한 시술을 하였다.

허리의 상태가 좋아지기 시작하여 몸이 많이 회복되었다

싶었는데 이번에는 전혀 예상하지 못한 일이 발생했다. 가슴 통증이 심해서 응급실에 갔더니 심장의 관상동맥 혈관이 좁아진 협심증이라고 하여 관상동맥확장술이라는 시술을 받았다. 동시에 폐에도 문제가 생겼다. 폐에 염증과 미세한 구멍이 생겨서 폐의 공기가 폐 밖으로 새어나가 폐를 압박하고 있어서 공기를 빼내는 수술을 해야 할지도 모른다고 하였다. 다행히 수술 전에 산소치료를 잘하여 수술 없이 상태가 좋아졌다. 폐와 협심증은 재발 가능성이 많고 특히 협심증은 약을 평생 먹어야 한다고 하였다. 퇴원 후 꼬박꼬박 약을 잘 먹으니 혈액순환이 잘되어 얼굴에도 화색이 돌고 발바닥까지 따뜻해지는 느낌이 들었다. 그런데 약을 먹은 지 한 달쯤 되었을 때 폐에서 출혈이 생긴 것이다.

의사는 출혈을 감수하고라도 약은 계속 먹어야 한다고 하였다. 약을 먹지 않으면 심장에 큰 문제가 생길 수 있기 때문이다. 그렇지만 약을 먹으면 폐에서 또 출혈이 생길 것 같은데 어떻게 약을 계속 먹으라는 것인지. 약을 안 먹고 죽느냐, 먹고 죽느냐 그것이 문제로다. 진퇴양난이었다. 협심증 약을 먹으니 이틀 만에 다시 조금씩 출혈이 시작되었다. 그러자 협심증 약과 지혈제 약을 동시에 처방해 주었다. 한쪽에서는 출혈을 시키고 한쪽에서는 지혈을 시키는 셈이다.

1년 동안 일어났던 몸의 여러 가지 변화는 노화가 주된 원인이라고 하였다. 노화는 나이가 들면서 점차 신체적, 정신적으로 쇠퇴하여 죽음에 이르는 과정이라고 한다. 자연의 모든 생물은 노화의 과정을 거치며 죽어가고, 죽음을 통하여 공간(자리)을 내어주고 새로운 생명이 태어나 그 공간에서 살아갈 수 있게 된다. 피할 수도 없고 피해서도 안 되는 자연의 섭리이다.

그동안 생로병사의 과정을 겪으며 살아오면서도 '살아감'에만 몰두하였던 것 같다. 가족을 부양하고, 부를 축적하고, 명예를 쌓기 위해 열심히 살았다. 그러나 '늙어감'과 '병들어감' 그리고 '죽음'에 대해서는 관심을 가지지 못했다. 나이를 먹어 갈수록 주변에서는 아픈 사람, 세상을 떠나는 사람들이 늘어가고 있다. 그때마다 삶과 죽음에 대해서 생각을 해 보지만 늙어가고, 병들고, 죽어가는 과정을 진지하게 준비하지 못했다. 늙어가면서도 병들지 않기만을 바라고 죽음은 먼 훗날 있을 일이거니 불편한 진실처럼 애써 외면해 왔다. 이제는 더 이상 미룰 수 있는 일이 아니다. 삶의 한가운데에 정중히 받아들여야 할 때가 온 것이다.

창밖을 보니 갑자기 찾아온 늦가을 추위에 나무들은 벌써 잎을 떨어뜨리고 앙상한 가지들만 남았다. 가지들은 두 손을 모으고 하늘을 향해 팔을 벌려 기도를 한다. 나무들은 고난과 시련과 기쁨과 환희의 순간을 보내며 한 뼘씩 키가 자라고 무성한 잎을 피우고 열매를 맺었다. 많은 것을 이루고, 많은 것을 비우고 나면 저렇게 경건해지는가 보다. 긴 침묵이 시작될 것이다. 맹렬한 추위와 세찬 바람이 온몸을 휘감으면 나무들은 윙윙거리며 신음소리를 내게 될 것이다. 겨울은 모든 것을 얼려버리고 생명이 숨을 죽이는 계절이다. 그러나 겨울은 화려함과 풍족함 뒤에 오는 허영과 자만을 버리고 침잠하며 겸손하게 내면으로 들어가는 계절이다.

   내 삶의 계절은 지금 어디쯤 있을까. 나는 가을 끝자리, 겨울의 문턱에 서서 무엇을 주저하고 있을까. 손에 잡히는 부유함과 안락함만을 추구하는 때는 지났다. 아프고 병들고 더 늙어갈 것이다. 겨울은 말한다. 저 나무들처럼 혹독한 추위 속에서도 한 겹 나이테를 채우고 더 단단해지라고. 내면을 살찌우라고.

   내 인생의 봄 여름 가을은 지나갔다. 그래도 나에게는 겨울이 있다.

가을을 선물합니다

유난히 쐐기벌레들이 플라타너스 잎을 좋아해서
여름 내내 벌레들의 먹이가 되어 준 모양이다.
그래도 벌레가 파먹은 잎이 더 아름답게 보인다.
제 몸을 내주고 벌레들의 먹이가 되어 준
플라타너스의 숭고함이 느껴진다.

왠지 이 가을을 누군가에게 선물하고 싶다.
"가을을 선물합니다."

드디어 단풍이 빨갛게 물들기 시작한다. 벚나무 단풍은 주홍색과 주황색이 서로 더 예쁘게 물들었다며 자기들끼리 다툼을 한다. 그 옆에 있는 맑은 노란색으로 물든 은행나무 단풍이 끼어든다. 뭐니 뭐니 해도 황금빛 단풍이 제일 예쁘다며 의기양양하다. 저 건너편 단풍나무는 이런 벚나무와 은행나무 단풍들을 보며 싱거운 소리라며 비웃고 있다. 그래서 내가 한마디 해 주었다. 서로 조금씩 다른 색깔을 하고 있어서 모두 예쁘게 보이는 것이라고, 빨간색만 있으면 금방 지루해질 것이라며 싸우지 말라고 했다.

가을은 참으로 지혜로운 계절인가 보다. 갖가지 색으로 단장을 하고 조화로움을 선사한다. 들판에는 과일들이 익어가고 있다. 역시나 저마다의 색깔과 맛으로 자랑을 한다. 왜 사과는 빨간색이고, 배는 노란색, 귤도 노란색, 포도는 보라색, 감은 주황색일까. 사과는 신맛을 내고, 배는 부드러운 단맛, 감은 떫은맛을 내다가 단맛으로 변할까. 가을은 결코 하나의 색으로 오지 않고, 하나의 맛으로도 오지 않는다. 산과 들에는 곡식과 열매들로 풍요로움이 넘친다. 가을은 참으로 부지런하고 인정 많고 오지랖이 넓은가 보다. 온 대지에 축복을 내리고 은혜를 베푼다. 그래서 가을은 감사의 계절이다.

내가 좋아하는 어느 수필 문우는 "가을에 대한 예의"라는 아름다운 글을 썼다. 이 아름다운 계절을 창밖으로 흘긋거리면 안 된다고 했다. 그것은 가을에 대한 예의가 아니라고 했다. 농익은 가을을 충만하게 느끼는 것이 가을에 대한 예의란다. 그래서 밖으로 나와 숲길을 걷고 있다. 우리에게 색깔과 맛과 향으로 축복을 내리고 은혜를 베푸는 가을에 대한 예의를 갖춰야 하는 것은 당연한 일이다.

    지난주에는 학생 때 수학여행 이후로는 처음 여행사 관광버스를 타고 아내와 함께 여행을 갔다. 밖에서는 가을이 아우성인데 집 안에만 있는 것이 미안했다. 나에게도 미안했고, 아내에게도 미안하고, 노랑 빨강 색을 칠하며 손짓하는 가을에게도 미안해서 감기 뒤 끝에 개운치 못한 몸을 이끌고 여행을 나섰다. 새벽 4시부터 일어나 세수를 하고 전철 첫차를 타고 서울역에 내리니 아직 어둠 속에 관광버스가 줄지어 서있었다. 사람들이 모이니 여기도 울긋불긋 사람들도 단풍으로 물들고 있었다. 다들 색색이 화려한 옷차림으로 마치 단풍과 한 판 경쟁이라도 할 모양이다. 버스 안은 금세 왁자지껄 요란스럽다. 여름은 길고 지루하지만 가을은 하루하루가 다르게 짧아진다. 또한 나날이 갈색 세상으로 변해가고 옷깃에 스며드는 공기는 서늘해진다. 그래서 사람들은 쫓기듯이 달려간다. 너도 나도 깊은 가을 속으로.

    남쪽지방 산에는 아직 단풍물이 완연하지 않았다. 10월 말이니 이제는 나무들도 잎을 떨어뜨리고 쉼으로 들어가야 할 텐데, 아직도 초록이 머뭇대고 있다. 그래도 초록이 탈색이 되면서 옅은 파스텔 톤의 갈색이 잎사귀마다 스며들고 있었다. 사람들은 빨리 가을이 깊어지기를 바라지만 나무들은 걸음을 재촉하지 않는다. 웬일일까? 여름이 너무 덥고 가을도 기온이 높기 때문이다. 병을 주었으면 약이라도 줘야 할 텐데, 사람들은 기후 변화를 주고 약은 나 몰라라 한다. 가을이 나의 미안한 마음을 알아주었으면 좋으련만.

　그래도 가을은 우리에게 많은 것을 보여주려고 애를 쓰고 있다. 드문드문 화려하게 물든 단풍나무가 있었고, 국화는 축제장에서 사람들과 어울려 한바탕 축제를 벌였다. 기울어져 가는 가을 햇살은 나에게 온기를 주기 위해 온 힘을 다해 따사롭게 빛나고 있었다. 사람들은 행복한 표정으로 가을을 즐기고 가을도 사람들과 함께 즐기는 듯싶다. 구름 한 점 없는 하늘이 저 높은 곳에서 파랗게 웃고 있다. 우리는 늦은 밤 버스에 가을을 한가득 싣고 집으로 돌아왔다.

　11월 10일인데 이제야 숲은 가을색이 뚜렷해지고 있다. 산책을 마치고 집에 오는데 아름드리 플라타너스 아래 널따란 잎들이 낙엽이 되어 땅바닥에 떨어져 있었다. 그중에 가장 큰 잎 하나를 주어 들었다. 뾰쪽뾰쪽 별 모양을 한 플라타너스 잎은 내 얼굴을 덮을 만큼이나 커다랗고 줄기에서 잎으로 뻗어 나온 잎자루와 잎맥이 마치 사람의 핏줄처럼 촘촘히 뻗어있다. 잎 한쪽은 갈색인데 한쪽은 아직도 옅은 푸른색을 띠고 있고 귀퉁이에는 벌레가 먹어서 면사포처럼 구멍이 숭숭 나있다. 유난히 쐐기벌레들이 플라타너스 잎을 좋아해서 여름 내내 벌레들의 먹이가 되어 준 모양이다. 그래도 벌레가 파먹은 잎이 더 아름답게 보인다. 제 몸을 내주고 벌레들의 먹이가 되어 준 플라타너스의 숭고함이 느껴진다.

아파트 문을 열고 들어오니 아내는 저녁 준비에 바쁘다. 가을을 나 혼자 누리고 오는 미안한 마음으로 플라타너스 잎을 정중히 내밀었다. "가을을 선물합니다."

아내는 꽃을 피우듯이 활짝 웃었다. 한낱 벌레 먹은 낙엽을 이리저리 살펴보고 뒤집어 보며 무슨 대단한 선물이라도 되는 듯이 좋아한다. 그러더니 부엌 식탁 위 공중에 매달려 있는 장식용 전등갓에 플라타너스 잎을 끼워 넣었다. 불을 켜니 잎이 더욱 선명해진다. 우리 집에도 가을이 그리고 사랑이 더욱 선명해지는 것 같다. 왠지 이 가을을 누군가에게 선물하고 싶다. 나는 가만히 혼자 말한다.

"가을을 선물합니다."

된밥 진밥

차이와 다름은 아름다운 질서를 만드는 재료이다.
무지개는 일곱 빛깔이 있기에 아름답고,
남자와 여자는 서로 다르기 때문에 사랑할 수 있는
것이 아닐까.
음악은 도레미파솔라시도 음계의 조화로 아름다워지고,
봄 여름 가을 겨울이 있기에
우리나라는 살기 좋은 나라일 것이다.

아내가 하는 말, "아이 또 진밥이네!"
내가 하는 말, "된밥이잖아!"

   어제는 내가 밥을 했는데 진밥이 되었고, 오늘은 아내가 밥을 했는데 된밥이 되었다. 나는 진밥을 잘하고, 아내는 된밥을 잘한다. 아니다. 나는 진밥을 좋아하고, 아내는 된밥을 좋아한다. 서로 자기가 좋아하는 밥을 한 것이다. 의도적으로 그런 것은 아니지만 밥을 하다 보면 자연스럽게 자기가 좋아하는 밥이 된다. 어렸을 적에도 아버지는 진밥을 좋아했고 어머니는 된밥을 좋아했다. 간혹 아버지가 된밥이라며 한마디 하면 어머니는 내색을 못하고 속으로만 부글부글하셨다.

   우리 집은 아침에 밥을 할 때면 일찍 일어나는 아내가 밥을 하고, 낮이나 저녁때 밥을 하게 되면 내가 하는 경우가 많다. 밥을 하는 것 정도는 나도 할 수 있으니 아내를 도와주기 위해서다. 밥만 도와주는 것이 아니고 설거지도 내 몫이고 집안 청소는 당연히 내 차지이다. 그런데 반찬을 만드는 것은 영 소질이 없고 재미도 없다. 아내는 반찬도 만들어서 해 달라고 잔소리를 하지만 반찬은 너무 복잡해서 머리가 따라가지 못하는 것 같다. 양념은 왜 그렇게 많고 얼마나 넣어야 간이 맞는지 종잡을 수 없다. 반찬 한 가지를 만들려면 들어가는 재료는 또 왜 그리 많은지. 아내, 어머니, 할머니들은 정말 위대하신 분들이다. 그 많은 반찬들을 매 끼니, 매 계절 준비하고, 만들고, 저장하고 대식구를 먹여 살렸으니 그 노고와 부지런함과 정성과 사랑에 찬사를 보내야겠다.

고등학교 다닐 때부터 자취생활을 한 내게는 밥 하는 정도는 별로 어렵지는 않다. 그리고 그때는 진밥이니 된밥이니 가릴 겨를 없이 반찬 없이도 맛있게 먹었다. 그런데 먹고살만해서 그런지 요즘에는 밥이 조금만 입안에서 감촉이 다르면 한마디씩 나온다. 밥이 질다, 되다, 찰지다, 맛있다, 뜸이 덜 들었다.

평소에 여러 잡곡이 들어간 밥을 먹는데 얼마 전부터는 쌀에 보리만 넣어서 밥을 해 먹는다. 보리쌀은 미리 보리밥으로 만들어 냉장고에 넣어두고 밥을 할 때 적당이 넣어서 밥을 하게 된다. 그런데 잡곡밥을 할 때와 쌀과 보리 혼합밥을 할 때 물의 양을 달리해야 해서 밥을 할 때마다 아내도 진밥을 할 때가 있고, 나도 된밥을 할 때가 있고, 중구난밥(?)이 된다. 미리 만들어 둔 보리밥은 이미 밥이 된 상태이니 평소보다 물을 조금 덜 부어야 한다. 그래서 내가 생각해 낸 것이 일단 쌀만 솥에 안치고 물을 손대중으로 붓고 다음에 보리밥을 얹어서 밥을 하면 적당히 중간밥이 된다는 것을 터득하게 되었다. 보리밥은 이미 밥이 된 상태이니 그 양만큼은 물을 붓지 않아도 되는 것이다. 그런데 또 중요한 것이 있다. 우리 집은 전기압력밥솥을 사용하지 않고 가스불에 압력밥솥으로 밥을 하기 때문에 불 조절이 중요하다. 센 불에서 밥이 '칙칙' 대며 끓기 시작하여 4분이 지난 뒤 가장 약한 불로 또 4분을 끓이면 아내도 나도 좋아하는 맛있는 밥이 된다. 이른바 4(분)+4(분) 법칙을 적용한 것이다. 그래서 쌀과 보리 혼합밥은 내가 한 밥이 더 맛있게 되었다. 나는 이 비법 아닌 비법을 아직 아내에게 가르쳐주지 않았다. 나도 아내에게 잔소리라는 것을 한 번 해보고 싶기 때문이다.

 진밥 된밥 정도가 심한 것도 아닌데 꼭 한 마디씩 해가며 밥을 먹는지 모르겠다. 사소한 것에 목숨을 건다고 했던가? 때로는 조그마한 자존심 다툼이 큰 싸움으로 번지고 한바탕 난리를 치르고 나서 뒤돌아보면 참 못난 내가 멋쩍게 서 있을 때가 있다. 그런 나를 보면 내가 참으로 작아 보인다. 김수영 시인이 한 말이 떠오른다.

 "모래야 나는 얼마나 작으냐 / 바람아 먼지야 풀아 나는 얼만큼 작으냐 / 정말 얼만큼 작으냐"

 그런데 나보다 더 참으로 작고 못난 사람들이 많다. 보고 싶지도 않는 그 사람들은 매일 내 앞에 나타나서 기분을 상하게 만든다. TV를 틀면 나오고, 신문에서도 보이고, 시도 때도 없이 보인다. 그 사람들은 큰 사람이 되어 큰일을 하라고 여의도 큰 집에 보냈더니 큰일은 하지 않고 맨 날 싸움질이다. 보수니 진보니 하며 패거리로 나뉘어 세상을 소음 공해로 가득하게 만든다. 차라리 된밥당, 진밥당으로 바꾸면 애교로 보아주기라도 할 텐데, 이름은 왜 그리 거창하게 짓는지. 내가 그곳에 간다면 4+4법칙을 적용하여 간단하게 해결할 수도 있을 텐데.

 우리 집은 이제 평화가 찾아왔다. 적어도 밥 문제만큼은 원만하게 해결되었다. 아내는 내친김에 나에게 밥을 맡아서 하라고 한다. 내가 해주는 밥이 제법 맘에 들었던 모양이다. 그런데 아침 일찍 일어나는 것은 자신이 없다. 하는 수 없이 나의 4+4 비법을 아내에게 전수해 주어야겠다.

    된밥 진밥 논쟁거리가 사라졌지만 모든 것이 평온하지는 않다. 가정사, 세상사 모든 일은 언제나 시시비비가 넘치기 마련이다. 다음에는 무슨 일로 또 기싸움을 할지 모른다. 어디서나 차이가 있고 다름이 있고 분열이 있는 법. 그러나 차이와 다름이 있기에 조화를 만들어 낼 수 있지 않을까. 차이와 다름은 아름다운 질서를 만드는 재료이다. 무지개는 일곱 빛깔이 있기에 아름답고, 남자와 여자는 서로 다르기 때문에 사랑할 수 있는 것이 아닐까. 음악은 도레미파솔라시도 음계의 조화로 아름다워지고, 봄 여름 가을 겨울이 있기에 우리나라는 살기 좋은 나라일 것이다. 다름을 인정하고 차이를 받아들여 새로움을 만들어 갈 수 있다면 더 아름다워지고 조화로운 세상이 될 것이다. 감히, 우리 집처럼. 우리 집 보리밥처럼.

역사의 주인은 누구인가

세계의 역사이든 내가 경험한 작은 지역의 역사이든
역사의 주인공은 칭기스칸과
알렉산더 대왕과 같은 정복자도 아니요,
한 때 유럽을 평정한 나폴레옹도 아니었다.
프랑스혁명에는 파리 시민이 있었고,
영국의 '마그나카르타'는 시민의 지지로 쟁취하여
민주주의 초석이 되었다.

아널드 토인비는
"역사는 도전과 응전 속에서 발전한다."라고 하였다.
역사의 도전에 대한 응전에는 언제나 백성이 있었다.

큰맘 먹고 집 정리를 하면서 버려야 할 책들을 골라냈다. 무려 30년 전에 사서 읽지 않고 책꽂이에 꽂혀 있는 책도 있었다. 그중에는 12권 전집으로 된 '대 세계의 역사'가 있었다. 책에게 미안함이 밀려왔다. 다시 책꽂이에 책을 꽂고 무슨 대단한 도전이라도 하는 것처럼 의지를 불태우며 세계사를 읽기 시작했다.

책은 인류의 탄생부터 시작된다. 다윈은 "인류의 조상은 원숭이류의 조상 속에 있었을 것이고 인류가 처음 생겨난 곳은 아프리카일 것이다."라고 하였다. 500만 년 전에 원숭이류에서 진화한 인류의 학명은 '호모 사피엔스-지혜 있는 사람'이다. 호모 사피엔스답게 인류는 1백70만 년 전에 석기를 만들어 도구를 사용하기 시작하였고, 열매를 채집하고 동물을 수렵하며 오랫동안 석기시대를 살았다. 6천 년 전 메소포타미아와 이집트에서 인류 최초의 문명이 발생하였다.

최초 문명의 발상지인 수메르에서 기원한 고대 오리엔트는 바빌론과 앗시리아, 페르시아로 이어졌다. 기원전 4천 년에 문자를 사용하였고, 수메르인들은 농경문화의 발달로 보리로 맥주를 만들어 먹었다 한다. 화려했던 고대 오리엔트 문화는 기원전 333년 마케도니아의 알렉산더 대왕이 페르시아를 정복함으로써 막을 내렸다.

빛은 동방에서 온다고 했던가. 그리스는 에게해와 지중해를 끼고 있는 해상국가이다. 지중해로 진출한 그리스 도시국

가들은 동방의 오리엔트 지역으로부터 선진 문물을 받아들이고 교역을 하며 성장하였다. 기원전 6백 년 경 인류 최초의 철학자라고 불리는 그리스의 탈레스는 물은 만물의 원소라고 하였다. 물의 생명력을 발견하고 주장한 그의 사상은 우주의 만물은 신이 만들었다는 신화적인 해석에서 인간의 사고와 감각으로 감지할 수 있는 물질로 되어 있다고 함으로써 사고방식의 근본적인 전환을 가져오게 되었고 새로운 우주관과 철학과 과학이 생겨나게 되었다. 소크라테스와 플라톤, 아리스토텔레스 등 많은 철학자, 수학자, 의학자들이 탄생하고 그들은 광장에서 시민들과 토론하였다. 이렇게 하여 그리스 문화는 서양 문화 발달의 기반이 되었다.

2천 년 전 이스라엘에서 발현한 그리스도교는 모진 박해에도 불구하고 점차 세력을 확대해 갔다. 로마제국 콘스탄티누스 황제는 자신의 아들과 같은 나이의 젊은 아내를 새로 맞았는데 새 왕비는 황제의 아들이 자신을 농락했다고 거짓으로 고하여 황제는 아들을 끓는 물속에 넣어 죽였다. 그러나 이것이 거짓으로 밝혀지자 분노한 황제는 또다시 젊은 왕비를 끓는 물속에 넣어 죽였다. 황제는 자신의 어리석음을 자책하며 괴로워하면서 그리스도교를 받아들이고 313년에 로마의 국교로 공인하였다. 그리스도교는 로마제국이 유럽을 지배하면서 유럽 전역으로 전파되고 서구 사회의 정신세계에 가장 큰 영향력을 끼친 종교가 되었다.

중국에서도 2천 년 전에 문자를 사용하였고 사마천의 사기(史記)는 기원전 97년에 쓰였다고 한다. 유교는 오늘날까지 동아시아의 정신세계를 지배하며 통치 이념으로, 그리고 개인과 사회를 규율하는 예법으로 자리하였다. 고대에서 중세까지 인도, 중국을 비롯한 아시아는 유럽보다 문화와 문명이 발달해 있었다.

서구의 나라들은 아시아로부터 비단, 향료 등을 교역하기 위하여 서로 경쟁하였고, 스페인은 콜럼버스를 지원하여 인도의 새 항로를 발견하기 위하여 항해를 하였으나 콜럼버스가 도착한 것은 대서양 너머 아메리카 대륙이었다. 이들은 신대륙에서 황금을 발견하고, 원주민과 아즈텍, 잉카, 마야 문명을 철저히 파괴하고 자원을 착취하였다. 중남미 지역의 황금과 아시아 지역의 특산물인 향료를 장악하기 위한 대항해 시대가 열렸다. 서구 나라들은 세계 곳곳을 정복하고 식민지를 만들었다.

식민지 경쟁과 서구 각국의 패권 경쟁이 시작되면서 좁은 유럽 대륙에서는 전쟁이 끊일 날이 없었다. 결국 두 번의 세계대전이 일어났고 두 번의 전쟁으로 목숨을 잃은 사람이 민간인 포함하여 7천만여 명이라고 한다. 당시의 소련에서만 2,900만 명이고 2차 세계대전을 일으킨 독일에서 570만 명이 죽었다. 전 세계가 참혹한 전쟁을 경험하였음에도 세계대전이 끝나고 100년이 채 지나지 않은 지금 세계는 또다시 곳곳에서 전쟁과 테러와 내전이 끊이질 않는다. 인류는 과연 평화의 유전자가 진화를 멈추고 퇴화하고 있는 것일까.

고대부터 근대, 현대에 이르기까지 침략과 정복 전쟁을 치렀다. 전쟁을 통하여 영웅이 탄생하고 마치 그들이 역사를 이끌어 가는 것처럼 미화되지만 역사는 몇 사람의 영웅에 의해서 흘러가지 않는다는 것을 역사를 정리하는 경험을 통해서 알게 되었다. 몇 년 전, 나는 다니고 있는 능곡성당의 역사를 정리하여 역사서를 편찬할 때 집필자로 참여하였다. 성당 설립 40년의 역사를 정리하고 서술하는데 하루 5시간씩, 1년 6개월 동안 오로지 그 일에 매진하였다.

우리 성당의 역사는 성당이 있기 전부터 자발적으로 신앙생활을 하고 있었다. 그래서 성당 설립 이전의 종교 생활까지 자료를 수집하고 기록하여야 했으며, 천주교가 한국에 처음 들어온 배경과 활동까지 200년 역사를 파악하고 기록하였다. 조선시대 수차례의 박해로 1만 명 이상이 희생되고 우리 지역에서도 3명의 순교자가 있었다는 것을 알게 되었다. 그들은 온갖 잔혹한 박해 속에서도 신앙을 지켜내었고, 그들의 희생으로 오늘날 우리는 종교의 자유를 누릴 수 있게 되었다.

세계의 역사이든 내가 경험한 작은 지역의 역사이든 역사의 주인공은 칭기스칸과 알렉산더 대왕과 같은 정복자도 아니요, 한 때 유럽을 평정한 나폴레옹도 아니었다. 프랑스혁명에는 파리 시민이 있었고, 영국의 '마그나카르타'는 시민의 지지로 쟁취하여 민주주의 초석이 되었다. 아널드 토인비는 "역사는 도전과 응전 속에서 발전한다."라고 하였다. 역사의 도전에 대한 응전에는 언제나 백성이 있었다. 역사학자 에드

워드 카는 "역사란 과거와 현재의 끊임없는 대화"라고 하였다. 과거를 통해 현재를 인식하고 미래를 내다보는 역사의식을 가진 내가 역사의 주인이며, 한 사람 한 사람의 시민이 역사의 주인일 것이다. 역사는 그렇게 발전하고 흘러갈 것이다.

장마

"날씨가 왜 이래?"
나는 무슨 화풀이할 상대라도 생각난 듯
기상청에 근무하는 여동생에게 냅다 전화를 걸었다.
습하고 끈적끈적한 공기를 타고 들려온
동생의 목소리는 날씨와는 다르게 뽀송뽀송하다.
"어머, 오빠 장마 때문에 힘드시구나?"

"날씨가 왜 이래?"
나는 무슨 화풀이할 상대라도 생각난 듯 기상청에 근무하는 여동생에게 냅다 전화를 걸었다. 습하고 끈적끈적한 공기를 타고 들려온 동생의 목소리는 날씨와는 다르게 뽀송뽀송하다.
"어머, 오빠 장마 때문에 힘드시구나?"
아직껏 화 한번 낸 적 없는 유순하고 차분한 성격의 동생은 오빠를 언제나 넉넉히 품어준다.
"오빠, 장마가 길어지는 것은 날씨 탓이 아니에요. 내 탓이고 오빠 탓이고 우리 사람들 탓이니 어쩌겠어요."
동생은 날씨로 밥 먹고 사는 사람 아니라 할까 봐 날씨 편이다.

지루한 장마가 계속되고 있다. 아침에 일어나면 스마트폰의 날씨 정보를 확인하는 일은 중요한 일과가 되었다. 우산을 가지고 외출해야 할지, 비는 몇 시쯤, 그리고 얼마나 많은 양이 내릴지, 궁금한 것들이 많다.

날씨의 장기 예보는 장마가 7월을 지나 8월까지 계속 이어진다고 한다. 언제 끝날지는 아직 확실히 예측할 수 없는 것 같다. 보통 장마기간은 6월 하순부터 7월 하순까지 30일 정도이지만 2020년은 54일간이나 지속되었다. 우리나라도 점차 아열대지방의 우기를 닮아가고 있어서 장마기간이 길어지고 있다. 더욱이 올여름은 엘리뇨 현상으로 북태평양 바닷물 온도가 높아져 무덥고 비가 많이 올 것이라고 한다. 북태평양에서 끊임없이 만들어내는 많은 수증기를 어딘가에 다 쏟아내야 장마는 끝날 것 같다. 습하고 우중충하고 무더운 날씨를 싫어하는 나에게는 힘겨운 하루하루이다.

산업혁명 이후 경제활동은 석탄과 석유 등 화석연료에서 얻은 에너지를 대량 사용하게 되었다. 석탄과 석유의 탄소를 태워서 에너지를 생산하지만 이때 산소와 결합된 탄소는 이산화탄소를 만든다. 지구를 둘러싼 대기권은 가스층으로 형성되어 있는데 우리가 공기라고 하는 이 속에는 질소와 산소가 99%를 차지하고 있으며 이산화탄소의 비중은 0.03% 정도라고 한다. 그런데 이산화탄소가 지금은 0.04%를 넘기고 있다. 우리가 보기에 이렇게 미미한 차이의 이산화탄소 때문에 지구 온난화의 원인이 되고 있다. 태양이 지구에 햇빛을 비추어 지구를 따뜻하게 하면 지구는 복사열을 우주로 방출하여 적정 온도를 유지하여야 한다. 그러나 대기 중 이산화탄소는 열을 우주로 방출할 수 없게 하는 온실 작용을 하여 지구는 점점 더워지는 이상기후 현상이 생긴다.

20세기 100년 동안 급격한 공업화와 자동차, 전기제품의 사용 등 소비생활의 변화는 지구온난화를 가져왔고 지구는 신음하며 본래의 모습을 잃어가고 있다. 세계는 각 나라마다 탄소 배출을 규제한다며 법석을 떨고 있다.

다니는 성당에서 환경 관련 봉사활동을 할 때였다. 나는 생태 환경운동을 위한 실천 계획을 수립하고 '지구를 위한 50가지 실천운동'이라며 신자들이 실천하여야 할 항목을 선정하였다. 그중에서 '10가지 중점 실천사항'을 선정하였는데 '가까운 곳은 걸어가기, 대중교통 이용하기' '엘리베이터 대신 계단 이용하기' '사용하지 않은 전기 콘센트 뽑기' '텃밭 가꾸기' 등이 있다. 이 운동은 지금도 몇 년 동안 계속되고 있지만 정작 계획을 수립한 나는 과연 몇 가지나 제대로 실천하고 있느냐고 물으면 부끄러워진다. 자가용 대신 대중교통을 이용하는 것은 지금도 지키지 못한다. 나 역시 장마가 길어지는 원인을 열심히 하고 있었다.

긴 장마 때문에 몸이 힘든 것도 부족하여 여름 감기까지 걸렸다. 몇 가지 큰 병을 앓고 나서 몸이 약해지고 면역력이 떨어지니 또다시 잔병으로 시달린다. 해야 할 일, 하고 싶은 일을 못하니 그 또한 우울하고 삶의 의욕이 꺾인다. 잦은 병원 출입과 매일 먹어야 하는 약은 또 다른 부작용으로 힘들게 하고 삶은 점점 지쳐간다. 날씨라도 맑고 쾌청하면 기분전환이라도 될 텐데, 날씨는 오늘도 비, 구름이며 대기 습도는 90%를 넘는다. 내일도 비, 구름, 모레도 마찬가지며 스마트폰 앱에 예보된 2주간의 날씨는 모두 비 또는 흐린 날이다.

언제부터인가 내 삶 안에 공허함이 자리를 차지하기 시작했다. 그러더니 그 옆 자리로 슬그머니 우울함이 장마철 곰팡이처럼 피어나는 것이 느껴졌다. 그것은 오랫동안 바쁘게 살아온 생활전선에서 은퇴한 후 갑자기 할 일이 없어지고 하루하루의 무거운 긴장감에서 해방되면서 찾아왔다. 새롭게 할 일을 발견하지도 못하고 몸까지 아프니 공허함과 우울함을 쉽게 떨쳐버리기 어렵다.

장마가 길어지니 우울함이 더해간다. 해가 반짝반짝 빛나는 날이면 뭔지 모를 희망과 열망이 내 몸 안에서 솟아난다. 그러나 눅눅하고 무거운 공기가 착 가라앉은 날이면 우울함이 슬금슬금 모습을 드러내고 점점 자리를 잡아간다. 그런가하면 축축하게 비 오는 날 우산을 쓰고 공원을 걸으면 우울은 사색으로 모습을 바꾸기도 한다. 우울은 나를 무력하게 하기도 하고 내면에 숨어있는 다른 나를 찾아 나서게 하기도 한다.

장마전선은 우리나라 남쪽에 자리한 북태평양고기압의 뜨거운 공기와 시베리아 부근의 차가운 고기압이 우리나라를 사이에 두고 두 기압이 서로 세력 다툼을 하는 동안 북태평양의 많은 수증기가 우리나라에 유입되면서 비가 오고 습하고 흐린 날씨가 한 달 동안 계속된다. 북태평양의 해수면의 온도는 점점 높아지고 이 고기압 세력이 강해지면서 시베리아의 한랭한 고기압을 밀어내면 우리나라에 정체되어 있던 장마전선도 북쪽으로 밀려 올라가면서 장마가 끝난다.

뜨거워진 바다는 많은 수증기를 만들고 장마는 어딘가의 마른땅을 적시며 생명이 살게 한다. 마침 먼바다에서 태풍이 만들어졌다는 소식이 들린다. 전혀 태풍스럽지 않는 그의 이름은 '개미'이다. 태풍이 불어오면 꿈쩍하지 않던 장마도 일찍 물러갈 것이다. 장마는 제 역할을 다하고 때가 되면 다시 찾아올 것이다. 태풍은 시련과 상처를 줄 테지만 정체된 것들에게 변화를 주고 새롭게 시작하는 에너지를 준다. 우리가 살아가는 지구와 내 삶 안에도 장마와 태풍은 필요한 것들이다. 장마를 보내주고 이제 태풍을 맞이할 때다. 한껏 내면을 적시던 우울도 불어오는 태풍 안으로 걸어가는 나를 힘껏 응원해 줄 것이다.

감기와 함께 살아가기

오히려 약은 바이러스가 아닌
나를 쫓아낼지도 모른다.
내가 할 수 있는 가장 현명한 방법은 바이러스와
함께 살아가기,
감기를 잘 다스리며 살아가기이다.
배척하고 제거하는 것이 능사는 아니다.

새해가 시작되자마자 감기에 걸렸다. 새해 인사차 감기가 먼저 찾아온 듯싶다. 이 불청객은 올 한 해에는 몇 번이나 찾아오려나. 작년에는 세 번 감기에 걸렸다. 남들은 일 년에 한 번, 어떤 사람들은 한 번도 안 걸린다고 하는데 나는 감기에 걸리는 횟수가 자꾸 늘어가고 잘 낫지도 않고 오래간다. 면역력이 많이 떨어졌다. 작년 마지막 감기는 나았는지 아직 안 나았는지 사실 그 경계가 모호하다. 감기 증상은 없는데 목이 약간 부어 있는 상태이고 쉽게 피로해진다. 그런데 또 목이 아프고 콧물이 나오기 시작했다.

설상가상으로 감기약을 먹으면 위장장애가 생겨서 그 또한 고생이 심하다. 이번에는 감기약을 먹지 않기로 했다. 과학이 신의 영역을 넘보는 시대라고 하는 지금도 가장 흔한 질병인 감기 바이러스를 치료하는 약은 아직 개발하지 못하고 있다. 병원에서 처방해 주는 약은 감기를 치료하는 약이 아니며 열을 내리거나 몸살과 염증 등 증상을 완화시키는 약이라고 한다. 의사는 로봇처럼 기계적으로 처방전을 타이핑한다. 진통제와 소염제, 진해거담제, 위장약 등 무려 네다섯 가지의 약을 먹어야 했지만 매번 약으로 나은 것인지 시간이 지나서 나은 것인지 알 수 없었다. 약을 먹어도 보름은 고생을 해야만 했다.

처음 감기 증상을 느낀 첫째 날 아침이었다. 목이 약간 따끔거리고 몸이 무겁게 가라앉으며 움직이는 것이 귀찮아졌다. 감기를 직감하고 나 스스로 처방전을 만들었다. 첫째, 몸을 최대한 따뜻하게 할 것. 둘째, 푹 쉴 것. 셋째, 2시간마다 소금물로 코와 목을 소독할 것. 넷째, 생강차와 무차를 따뜻하게 마실 것. 내가 만든 처방전을 보며 나는 이미 감기와의 싸움에서 이긴 것처럼 흡족해하며 전의를 가다듬었다. 처방전에 무한한 신뢰를 보냈다. 의사를 믿는 것보다 나 자신을 믿기로 했다.

우선 의사가 하는 것처럼 입을 크게 벌리고 작은 전등으로 목안을 살펴보았다. 목에는 아직 염증 흔적은 없지만 불그스름하게 부어오르는 것을 볼 수 있었다. 이 정도면 어제부터 감기 바이러스가 목 안의 세포에 침투하여 잠복하면서 활발한 번식을 하고 있었던 것 같았다. 본격적으로 바이러스와 전투를 벌여야 할 것이므로 일단 몸을 따뜻하게 하기 위하여 이불속으로 들어가 휴식을 취하며 에너지 소모를 줄이기로 했다. 몸이 무겁고 힘이 없는 것으로 보아 이미 백혈구는 몸 안에 침입한 바이러스를 세포 안으로 끌어들여서 먹어치우는 전투를 치르며 많은 에너지를 소모하고 있는 듯싶었다. 전열을 정비한 백혈구가 반격을 하였지만 이미 목과 코 안 세포를 점령한 바이러스는 튼튼한 진지를 구축한 상태였고, 바이러스와 백혈구의 치열한 싸움으로 피아간의 사상자가 속출하면서 몸은 점점 더 힘이 빠지고 이불 밖 찬 공기에 노출되면 콧물이 나오기 시작했다.

둘째 날에도 두세 시간마다 소금물 소독을 하며 책 읽는 것조차도 하지 않고 이불속에서 빈둥거렸다. 내가 만든 처방전을 잘 지켜서인지 감기 증상이 많이 심해지지는 않는 듯했다. 목은 더 붉어졌으나 기침은 나오지 않았다. 셋째 날에도 증상은 비슷했다. 그러나 여전히 기운이 없고 입맛도 없어서 억지로 밥을 먹어야 했다. 여전히 백혈구는 감기 바이러스와 힘겨운 싸움을 하고 있는 모양이었다. 넷째 날이었다. 목을 들여다보니 목 안에 군데군데 염증이 자리 잡고 있는 것이 보였다. 다행히 기침이 심하지는 않고 가래도 없었다. 염증이 보인다는 것은 바이러스의 세력이 많이 약해지고 있다는 희망적인 증거이다. 물론 아까운 내 몸 세포도 손상을 입었을 것이다. 다섯째 날이 되자 전투는 소강상태로 접어들었는지 몸이 조금 가벼워지기 시작했다. 감기 바이러스는 세력이 약해지고 몸은 천천히 회복이 되고 있었다. 딱 2주가 지나자 감기 증상은 사라졌다. 단지 목안에는 염증이 자리를 잡고 있는 것인지 바이러스 잔당들이 몸을 숨기고 있는 것인지 노랗고 붉은 홍반들이 남아 있었다. 지난번 감기에서 나온 뒤에도 이 홍반들은 한 달 이상 남아있으면서 몸을 피로하게 하였다. 만성염증은 쉽게 사라지지 않는다. 아마도 이 염증과는 꽤 오래도록 함께 지내야 할 것 같다.

    감기 바이러스는 200개 이상의 종류가 있다고 한다. 우리는 이 많은 감기 바이러스에 하나하나 제대로 대처하지 못하고 있다. 감기 바이러스는 가장 흔한 바이러스이고 수시로 우리를 괴롭히지만 독감이나 코로나 바이러스에 비하면 온순한 바이러스이다. 또한 지구상에 존재하는 수많은 바이러스는 기생과 복제와 진화에 능하며 가장 역동적인 생명체이자 최초의 생명체 중의 하나로 추정되고 있다.

지구에서 5번의 대멸종 사건이 있었고 그때마다 공룡을 비롯한 최상위 포식자가 멸종되었지만 바이러스는 결코 사라지지 않고 있으며 없어서도 안 되는, 우리에게 귀찮은 존재이면서도 유익한 존재로 남아 있을 것이다. 우리는 바이러스가 만드는 산소를 흡입하며 살아가고, 우리 몸 안에 감염된 바이러스가 유전자로 남아 생명 활동을 지속시키고, 태아를 보호하여 인류의 멸종을 막는 결정적인 도움으로 살아가고 있다. 모든 바이러스를 결코 사랑할 수는 없겠지만 적어도 바이러스와 공존하며 살아가는 지혜가 필요해진다.

내 몸 안에는 감기 바이러스는 물론이고 알 수 없는 많은 바이러스가 살고 있을 것이다. 아무리 의사가 좋은 처방을 내리고 좋은 약을 먹어도 바이러스를 몽땅 쫓아내지는 못할 것이다. 오히려 약은 바이러스가 아닌 나를 쫓아낼지도 모른다. 내가 할 수 있는 가장 현명한 방법은 바이러스와 함께 살아가기, 감기를 잘 다스리며 살아가기이다. 배척하고 제거하는 것이 능사는 아니다.

나는 나의 편협한 기준으로 선과 악을, 좋은 사람과 나쁜 사람을, 이익과 손해를, 사랑과 미움을, 진실과 거짓을, 편리함과 불편함을 확실하게 구분하며 살아왔다. 선으로 알고 추구했던 것이 악이 되기도 했고, 때로는 이익만을 쫓던 삶이 낭패가 되기도 했으며, 불편을 감수한 생활이 나를 단련시키고 성숙하게 하기도 한다. 내 몸에서 소멸해 가는 감기 바이러스가 이렇게 말하는 것 같다. '함께 살아 봐'

장끼와 까투리의 꿈

많은 새끼들을 낳고 사람들과 함께 자연을 누리며
살아가기를 바라던 소박한 꿈은 사라지고 그 자리에
슬픔만이 남았다.
'장군'와 '까순이'는 공존이라는 단어를 잊어버린
사람들을 이해할 수가 없었다.
다음날이 되자 '장군'와 '까순이'는 정겨웠던
사람들과의 기억을 지우려는 듯 옆산을 뒤로 한 채,
자꾸만 깊은 산 속으로 들어갔다.
옆산에서 우렁차게 울리던 장군이의
"꿩! 꿩!" 울음소리는 그렇게 전설이 되었다.

봄이 되자 부부는 봄나들이라도 갈 양 가벼운 옷차림으로 자동차를 몰고 아파트를 나섰다. 30분 쯤 달리자 도심의 끝자락에 가느다란 개천이 흐르고, 다리를 건너자마자 차선은 갑자기 2차선의 좁은 도로로 바뀌었다. 개천 옆으로 야트막한 산이 기다랗게 누워있고, 산비탈에는 농사를 짓기 위해 개간한 밭들이 간간히 나타났다. 부부는 해를 바라보고 비스듬하게 누워있는 밭 가장자리에 자동차를 주차시키고 밭으로 올라갔다.

오랜만에 자동차와 사람들 소리가 들려오자, 밭 위에 터를 잡고 살고 있던 꿩 두 마리가 귀를 쫑긋거렸다. 한 마리는 수컷인 장끼이고 한 마리는 암컷인 까투리이다. 장끼와 까투리는 가까이서 사람들을 다시 보게 되어 반가움에 뒤뚱거리는 걸음으로 산을 내려와 밭둑에 서서 멀찌감치 부부가 일하는 것을 지켜보았다. 장끼와 까투리는 지난겨울 이후 처음 찾아오는 부부를 봄이 되자 은근히 기다리고 있었던 것이다.

부부는 이 밭의 주인은 아니다. 밭의 주인이 외국에 있어서 이들 부부가 이 밭을 관리하며 농사를 짓고 있는데 그들은 주말에만 와서 농사를 짓고 있으므로 주말 농장을 하고 있는 셈이다. 장끼와 까투리도 이 사실을 알고 있다. 장끼와 까투리가 이 부부를 알게 된 것이 꽤 오래 되었기 때문이다. 장끼와 까투리는 자기들이 오래도록 살고 있는 이 산은 물론 이 밭까지도 자기들이 주인이라고 생각하고 있다. 그래서 밭둑 높은 곳에서 농사일을 하고 있는 부부를 감시라도 하겠다는 듯 바라보고 있는 것이다.

장끼와 까투리는 여러 해 동안 이곳에서 많은 새끼들을 낳고 길렀다. 새끼들이 자라면 도심과 조금 더 먼 쪽에 있는 산으로 가 살도록 하고, 그들은 항상 이곳을 떠나지 않았다. 산 능선에서 바라다보면 사람들이 살고 있는 아파트들이 보이고, 자동차와 사람들의 소음이 들려오곤 한다. 장끼와 까투리는 사람들이 생활하는 곳에서 멀지 않는 이곳을 좋아하였다. 꿩은 예로부터 우리 민족과는 매우 친근한 동물로 사랑을 받아 왔다. '까투리 타령'은 우리 민족이 오래도록 즐겨 불러왔던 민요이고, "장끼전"은 문학작품과 판소리로 널리 알려졌다.

장끼와 까투리가 살고 있는 이 산의 이름은 '옆산'이다. 가까운 아파트에 살고 있는 사람들이 단지 옆에 있다고 해서 붙인 이름이다. '옆산'에서 봄소식을 가장 빨리 전해주는 것은 생강나무이다. 생강나무는 추위가 채 가시기도 전에 가녀린 노란색 꽃을 피워 상큼한 향기로 봄을 알려준다. 생강나무 꽃이 지고 나면 진달래가 피고, 이어서 산 벚꽃나무, 아카시아, 밤꽃이 서로 릴레이를 하듯 차례로 피고 지며, 이윽고 여름에게 자리를 넘긴다.

밤꽃이 '옆산'을 점령하듯 흐드러지게 피고, 밤꽃의 구릿한 냄새가 후각을 강하게 자극하는 6월 초가 되자 장끼의 얼굴색이 점차 변하기 시작하였다. 양쪽 눈 주위에 있는 붉은색이 빨간 잉크를 부은 것처럼 점점 선명하게 되었다. 장끼는 파란 바탕의 얼굴에 눈 주위가 붉은 색을 하고, 목에는 목도리를 하듯 하얀 색 띠를 두르고 있으며, 몸 전체는 노란 색과

붉은 색 계통의 화려한 색상을 하고 있다. 산란기가 되는 5, 6월이 되면 장끼 얼굴의 붉은 색은 더 붉어지고 온 몸의 색깔들은 더 화려하고 아름답게 변하게 된다.

   밤꽃 향기가 짙게 풍기는 초여름이 되자 장끼는 목을 쑤욱 빼들고 산이 쩡쩡 울리도록 "꿩! 꿩!" 기운차게 소리를 내기 시작했다. 까투리는 장끼의 울음소리가 반가웠다. 바야흐로 사랑을 시작할 때가 왔기 때문이다. 까투리는 장끼를 처음 보았을 때부터 한 눈에 반하였다. 장끼의 화려한 깃털로 장식한 늠름하고 멋있는 모습을 보고는, 까투리는 장끼에게 '장군'이라는 이름을 붙여 주었다. 장군이도 까투리를 사랑스럽게 '까순이'라고 불렀다. '장군'이가 말하였다.
   "까순씨, 우리에게 사랑스런 꺼벙이들이 태어날 텐데 새 집을 어디에 마련하면 좋겠소?"
꺼벙이는 사람들이 꿩의 새끼들을 부르는 이름인데, '장군'이와 '까순이'는 사람들이 부르는 이름을 따라 부르기로 하였다. '까순이'가 말하였다.
   "당신이 알아서 하세요."
   "그럼 이번에는 저 아래 고구마 밭에다 하면 어떻겠소?"
   "그래요. 당신이 하는 일이면 뭐든지 다 좋지요."
이렇게 하여 고구마 순이 온통 밭을 뒤덮고 있는 한 중앙에 '까순이'가 알을 낳았다.

   여름이 되고 장마 비가 내리자 밭에서는 고구마와 풀의 맹렬한 영토 싸움이 시작되었다. 주말이 되어 밭으로 온 부부는 무성하게 풀이 자란 것을 보자 풀을 뽑아내기 위해 고구마 밭으로 향하였다. 이 모습을 먼발치에서 바라보고 있던 '장군'이는 알을 품고 있는 '까순이'가 걱정되어 목청껏 울어댔다.

"꿩! 꿩! 꿩!"

'까순이'는 '장군'이가 세 번씩이나 큰 소리로 우는 것을 듣고는 뭔가 위험을 알리고 있다는 것을 직감하고 알 위로 몸을 바싹 엎드렸다. 부부는 '까순이'가 있는 곳을 향하여 점점 가까이 다가갔다. '장군'이는 안절부절 어찌할 바를 모르고 허둥대고 있을 때 갑자기 '까순이'가 푸드득 하고 날아올랐다. 풀을 메던 부부는 깜짝 놀라서 한 발짝 뒤로 물러섰지만 이내 꿩이 날아간 자리를 유심히 살피더니 알을 발견하고는 말하였다.

"이게 웬 횡재냐!"

부부는 꿩 알을 냉큼 꺼내어서 성큼성큼 하우스로 들어갔다. 하우스 안에는 탁자와 의자가 놓여 있고 간단한 조리 기구가 갖춰져 있었다. 냄비에 물을 붓더니 가스불을 켜고 냄비를 올려놓고 나서 여섯 개나 되는 알을 몽땅 넣고 끓이기 시작하였다.

'장군'이와 '까순이'는 여러 해 동안 부부가 열심히 일하고 다정하게 지내는 모습을 보면서 그들을 선량한 사람들이라고 생각하였다. '장군'이와 '까순이'가 사람들이 오고가는 곁에 있으면서 이곳을 떠나지 않는 이유는 오랜 옛날부터 전해져 내려온 이야기들을 통하여 사람들도 자신들을 길조(吉鳥)라고 여기고 친근하게 지내온 사이라는 것을 알고 있었기 때문이다. 때때로 사람들이 자신들을 헤치고 별미 음식으로 즐겨

왔다는 것도 익히 알고 있었다. 그리고 이러한 일들은 사람뿐이 아니라 동물들 간에도 있는 일이며, 이것은 자연의 섭리라는 것까지도 알고 있었다. 그러나 봄부터 가을까지 정성스럽게 땅을 가꾸는 부부의 모습을 보며 가졌던 선의에 대한 보답은 아무 이유도 없는 잔인함으로 되돌아오고 말았다.

냄비 안에서 울리는 "달그락 달그락" 소리와 함께 '장군'와 '까순이'의 꿈은 사라져 버렸다. 많은 새끼들을 낳고 사람들과 함께 자연을 누리며 살아가기를 바라던 소박한 꿈은 사라지고 그 자리에 슬픔만이 남았다. 사람들은 세상을 지배하고 마치 주인인양 행세를 한다. 모든 것을 소유하고 마음대로 이용하려고 든다. '장군'와 '까순이'는 공존이라는 단어를 잊어버린 사람들을 이해할 수가 없었다. 다음날이 되자 '장군'와 '까순이'는 정겨웠던 사람들과의 기억을 지우려는 듯 옆산을 뒤로 한 채, 자꾸만 깊은 산 속으로 들어갔다. 옆산에서 우렁차게 울리던 장군이의 "꿩! 꿩!" 울음소리는 그렇게 전설이 되었다.

숫자 1을 먹읍시다
사람, 자연으로부터 배운 사랑 이야기

지은이 : 김대운

초판 1쇄 발행 : 2025년 6월 17일

발행처 : 붉은사슴
등록 : 제2025-000061호(2025년 3월 10일)
(04051) 서울특별시 마포구 신촌로2길 19,
마포출판문화진흥센터 3층 p32
이메일 : deerstudio3@gmail.com
홈페이지 : www.reddeerstudio.net

디자인 : 붉은사슴
인쇄 : 인타임플러스

ISBN : 979-11-992875-1-8 (03800)
15,000원

이 책은 저작권법에 따라 보호받는 저작물이므로 무단 전재와 복제를 금합니다.
내용을 인용하거나 활용하고자 할 경우 반드시 저자와 출판사의 동의를 받아야 합니다.